上海市工程建设规范

公路绿化建设与养护标准

Standard for construction and maintenance of highway greening

DG/TJ 08—2167—2023
J 13041—2023

主编单位：上海市道路运输事业发展中心
　　　　　上海奉贤园林绿化工程有限公司
　　　　　上海城投公路投资(集团)有限公司
批准部门：上海市住房和城乡建设管理委员会
施行日期：2024 年 1 月 1 日

同济大学出版社

2023　上海

图书在版编目(CIP)数据

公路绿化建设与养护标准 / 上海市道路运输事业发展中心,上海奉贤园林绿化工程有限公司,上海城投公路投资(集团)有限公司主编. —上海:同济大学出版社,2023.12
 ISBN 978-7-5765-0618-1

Ⅰ.①公… Ⅱ.①上… ②上… ③上… Ⅲ.①道路绿化-公路养护-标准-上海 Ⅳ.①U418.9-65

中国国家版本馆 CIP 数据核字(2023)第 237267 号

公路绿化建设与养护标准

上海市道路运输事业发展中心
上海奉贤园林绿化工程有限公司　　主编
上海城投公路投资(集团)有限公司

责任编辑　朱　勇
责任校对　徐春莲
封面设计　陈益平

出版发行　同济大学出版社　　www.tongjipress.com.cn
　　　　　(地址:上海市四平路1239号　邮编:200092　电话:021-65985622)

经　　销　全国各地新华书店
印　　刷　浦江求真印务有限公司
开　　本　889 mm×1194 mm　1/32
印　　张　2.875
字　　数　72 000
版　　次　2023年12月第1版
印　　次　2023年12月第1次印刷
书　　号　ISBN 978-7-5765-0618-1
定　　价　30.00元

本书若有印装质量问题,请向本社发行部调换　　版权所有　侵权必究

上海市住房和城乡建设管理委员会文件

沪建标定〔2023〕317号

上海市住房和城乡建设管理委员会关于批准《公路绿化建设与养护标准》为上海市工程建设规范的通知

各有关单位：

  由上海市道路运输事业发展中心、上海奉贤园林绿化工程有限公司和上海城投公路投资（集团）有限公司主编的《公路绿化建设与养护标准》，经我委审核，现批准为上海市工程建设规范，统一编号为DG/TJ 08—2167—2023，自2024年1月1日起实施。原《公路绿化养护技术规程》DG/TJ 08—2167—2015同时废止。

  本标准由上海市住房和城乡建设管理委员会负责管理，上海市道路运输事业发展中心负责解释。

上海市住房和城乡建设管理委员会

2023年6月25日

前 言

根据上海市住房和城乡建设管理委员会《关于印发〈2021年上海市工程建设规范编制计划(第二批)〉的通知》(沪建标定〔2021〕721号)的要求,上海市道路运输事业发展中心、上海奉贤园林绿化工程有限公司、上海城投公路投资(集团)有限公司会同有关单位,经广泛调查研究,参考国家和行业相关技术标准规范,认真总结相关科研成果和大量实践经验,并在广泛征求意见的基础上,修订了上海市工程建设规范《公路绿化养护技术规程》,并更名为《公路绿化建设与养护标准》。

修编后,本标准的主要内容包括:总则、术语、建设、调查与评价、养护、安全和应急管理、技术管理、附录。本次修订的主要内容如下:

1. "公路绿化养护技术规程"名称变更为"公路绿化建设与养护标准"。

2. 对公路路段按照城市化程度进行划分,兼顾公路技术等级,将公路绿化建设和养护场景划分为Ⅰ等景观路段、Ⅱ等景观路段、一般绿化路段,并对不同路段提出不同建设和养护标准。

3. 增加"建设"一章,对公路绿化总体设计、地形设计、种植设计、景观设施设计、树种要求和栽植要求进行了分类表述。

4. "养护"一章按照公路绿化各类要素如行道树、分隔带、路侧绿化带和节点绿化、立体绿化、景观设施对如何开展日常养护和养护工程进行表述,并说明如何进行有害生物防控。新增"绿化废弃物处置"一节,对绿化废弃物收集和处置提出要求。

5. "安全和应急管理"一章新增"占道安全作业""高空安全作业"等工作相关技术要求。

各单位及相关人员在执行本标准过程中,如有意见和建议,请反馈至上海市交通委员会(地址:上海市世博村路 300 号 1 号楼;邮编:200125;E-mail:shjtbiaozhun@126.com),上海市道路运输事业发展中心(地址:上海市徐家汇路 579 号;邮编:200023;E-mail:shgllhbz@163.com),上海市建筑建材业市场管理总站(地址:上海市小木桥路 683 号;邮编:200032;E-mail:shgcbz@163.com),以供修订时参考。

主 编 单 位:	上海市道路运输事业发展中心
	上海奉贤园林绿化工程有限公司
	上海城投公路投资(集团)有限公司
参 编 单 位:	上海市绿化管理指导站
	上海市政工程设计研究总院(集团)有限公司
	上海箴欣道路工程设计咨询有限公司
	上海千年城市规划工程设计股份有限公司
	上海市浦东新区道路运输事业发展中心
	上海市松江区交通建设管理中心
	上海市奉贤区交通建设管理中心

主要起草人:张　毅　刘　芹　姜海西　施凯峰　吴　申
　　　　　　黄舜杰　王海荣　朱　进　邢　毅　邵奕敏
　　　　　　奉树成　范灵雨　梁　晶　周丽娜　韩玥枫
　　　　　　姚佳俊　庄夏菁　张　明　莫丹凤　范筱洁
　　　　　　陶晓杰　莫权华　瞿琳瑾　杜　媛　钱新梅
　　　　　　戴成香　朱小燕　韩昊廷
主要审查人:朱惠君　刘钧伟　李　莉　汪维恒　范善华
　　　　　　黄军华　封　玲

上海市建筑建材业市场管理总站

目 次

1 总　则 ………………………………………………………… 1
2 术　语 ………………………………………………………… 2
3 建　设 ………………………………………………………… 5
　3.1 一般规定 ……………………………………………………… 5
　3.2 总体设计 ……………………………………………………… 5
　3.3 地形设计 ……………………………………………………… 7
　3.4 种植设计 ……………………………………………………… 8
　3.5 景观设施设计 ……………………………………………… 14
　3.6 树种要求 …………………………………………………… 15
　3.7 栽植要求 …………………………………………………… 15
4 调查与评价 …………………………………………………… 20
　4.1 一般规定 …………………………………………………… 20
　4.2 调查内容与方法 …………………………………………… 20
　4.3 评价指标与评价方法 ……………………………………… 21
　4.4 养护对策 …………………………………………………… 24
5 养　护 ……………………………………………………… 26
　5.1 一般规定 …………………………………………………… 26
　5.2 行道树养护 ………………………………………………… 26
　5.3 分隔带、路侧绿化带和节点绿化养护 …………………… 32
　5.4 立体绿化养护 ……………………………………………… 34
　5.5 景观设施养护 ……………………………………………… 36
　5.6 有害生物防控 ……………………………………………… 37
　5.7 绿化废弃物处置 …………………………………………… 39

6 安全和应急管理 ································· 41
　6.1 一般规定 ··································· 41
　6.2 占道安全作业 ······························· 41
　6.3 高空安全作业 ······························· 43
　6.4 应急处置 ··································· 44
7 技术管理 ······································· 46
　7.1 一般规定 ··································· 46
　7.2 日常养护 ··································· 46
　7.3 工程验收 ··································· 46
　7.4 数字化管理 ································· 47
附录 A 常用行道树 ································ 48
附录 B 常用分隔带植物 ···························· 53
附录 C 常用立体绿化植物 ·························· 55
附录 D 常用桥荫绿化植物 ·························· 56
附录 E 乔灌木质量要求 ···························· 57
附录 F 草种、花种、攀援植物质量要求 ·············· 58
附录 G 行道树养护标准 ···························· 59
附录 H 常见病害和有害生物种类 ···················· 61
本标准用词说明 ···································· 62
引用标准名录 ······································ 63
标准上一版本编制单位及人员信息 ···················· 64
条文说明 ·· 65

Contents

1 General provisions ·· 1
2 Terms ·· 2
3 Construction ··· 5
   3.1 General requirements ······························ 5
   3.2 General design ····································· 5
   3.3 Topographical design ······························· 7
   3.4 Planting design ···································· 8
   3.5 Landscape facilities design ························ 14
   3.6 Requirements for tree species ····················· 15
   3.7 Requirements for planting ························· 15
4 Investigation and evaluation ···························· 20
   4.1 General requirements ····························· 20
   4.2 Investigation and methods ························ 20
   4.3 Evaluation indicators and methods ················ 21
   4.4 Maintenance countermeasure ······················ 24
5 Maintenance ·· 26
   5.1 General requirements ····························· 26
   5.2 Street tree maintenance ··························· 26
   5.3 Separator, green belt and node planting maintenance ······································· 32
   5.4 Vertical planting maintenance ····················· 34
   5.5 Landscape facilities maintenance ·················· 36
   5.6 Pest control ······································· 37
   5.7 Greening waste disposal ·························· 39

6　Safety and emergency management ················· 41
　　6.1　General requirements ························· 41
　　6.2　Road work ···································· 41
　　6.3　Aloft work ··································· 43
　　6.4　Emergency disposal ·························· 44
7　Technical management ································· 46
　　7.1　General requirements ························· 46
　　7.2　Routine maintenance ·························· 46
　　7.3　Acceptance of engineering ···················· 46
　　7.4　Informatization management ··················· 47
Appendix A　List of street trees commonly used ············ 48
Appendix B　List of separator planting commonly used ······ 53
Appendix C　List of vertical planting commonly used ······· 55
Appendix D　List of under-viaduct planting
　　　　　　commonly used ······························· 56
Appendix E　Quality requirement of trees and shrubs ······· 57
Appendix F　Quality requirement of grasses, flowers and
　　　　　　climbing plants ······························ 58
Appendix G　Maintenance grade standard of street trees ······ 59
Appendix H　List of common plant diseases and
　　　　　　insect pests ································· 61
Explanation of wording in this standard ····················· 62
List of quoted standards ································· 63
Standard-setting units and personnel of the previous
　　version ··· 64
Explanation of provisions ································· 65

1 总　则

1.0.1 为加强公路绿化建设与养护工作,提高公路绿化建设、养护技术水平,在保障交通安全前提下最大限度地发挥公路绿化的生态效益、景观效益和社会效益,制定本标准。

1.0.2 本标准适用本市各等级公路绿化的建设和养护。

1.0.3 公路绿化建设和养护应遵循"因地制宜、因路制宜、适地适树"原则。建设方面体现分类设计,景观与生态相结合;养护方面遵循预防性、周期性、综合性和生态化养护理念。

1.0.4 公路绿化建设和养护除应执行本标准外,尚应符合国家、行业及本市现行有关标准的规定。

2 术 语

2.0.1 公路绿化 highway greening
在公路用地范围内的两侧边坡、分隔带及沿线空地，以植物材料为主体进行合理配置而达成的绿化类型，是公路设施的组成部分。

2.0.2 Ⅰ等景观路段 first-class landscape section
主要指穿越新城的城镇化地区公路、省界段公路，以及服务于市级交通枢纽、旅游集散地或重大活动保障线路的公路路段。

2.0.3 Ⅱ等景观路段 second-class landscape section
主要指除Ⅰ等景观路段外其他城镇化地区公路路段。

2.0.4 一般绿化路段 general greening section
除Ⅰ等景观路段、Ⅱ等景观路段外其余各技术等级公路路段。

2.0.5 行道树 street tree
为了美化、遮阴、防护和生态等目的，在道路旁成排成行栽植的乔木。

2.0.6 绿化带净宽度 clear width of green belt
指公路绿化带路缘石内侧宽度，不含路缘石。

2.0.7 绿篱 living fence, hedge
公路用地范围内成行密植于路旁或分隔带等处，作造型修剪而形成的具有隔离、围护和美化作用的植物墙。

2.0.8 公路立体绿化 highway vertical greening
以公路建(构)筑物为载体，以植物材料为主体营建的各种绿化形式的总称，主要包括桥柱绿化，声屏障绿化，道路护栏、挡土墙、立交桥沿口、天桥沿口绿化等。

2.0.9 沿口绿化 verge greening

以建(构)筑物边缘、交通设施为载体,设置植物种植容器,以植物材料为主体营建的一种立体绿化形式,一般应用在高架沿口、天桥、中央隔离护栏等。

2.0.10 可绿化里程 plantable mileage of highway

在公路用地范围内,能栽植和自然生长乔木、灌木和草坪的路段里程。

2.0.11 不可绿化里程 unplantable mileage of highway

在公路用地范围内,公路隧道、桥、涵、石质路基及石质护坡路段等,不能栽植或不能自然生长木本、草本和绿色植物的路段。

2.0.12 绿化率 percentage of plantable section

在公路用地范围内,已绿化的里程占可绿化里程的百分比。

2.0.13 保存率 reserve rate

植物栽植后成活两年以上的数量占总栽植数量的百分比。

2.0.14 覆盖物 mulch

指以绿化植物废弃物为原料直接铺设或经加工粉碎后铺设于土表的一层保护物质。

2.0.15 互通立交绿地 interchange green area

互通式立体交叉干道与匝道围合的绿化用地。

2.0.16 桥柱绿化 bridge columns greening

以立交桥桥柱及轨交桥柱为载体进行绿化的布置形式。主要包括自然攀爬式桥柱绿化、依附爬式桥柱绿化和模块式桥柱绿化。

2.0.17 声屏障绿化 sound barrier greening

在具有一定高度的声屏障设施上,以攀爬植物材料为主体营建的垂直绿化形式,以墙面攀爬、培面贴植形式为主。

2.0.18 绿化植物废弃物 greenery waste

指城市绿地或郊区林地中绿化植物自然或养护过程中所产生的乔灌木修剪物(间伐物)、草坪修剪物、杂草、落叶、枝条、花园和花坛内废弃草花等废弃物。

2.0.19 土壤改良材料 soil amendment material

指加入土壤中用于改善土壤的物理和(或)化学性质,及(或)生物活性且无副作用的物料。

3 建 设

3.1 一般规定

3.1.1 公路绿化建设包括新建、改建和扩建。

3.1.2 公路绿化建设应确保公路畅通安全。公路绿化景观应突出功能,因地制宜,安全为本,达到生态、防护、美观的目标。

3.1.3 公路绿化建设应确保规划、设计、施工、养护协调同步。前期规划、设计应为施工、养护奠定基础,公路建设的各个环节应和谐统一。

3.1.4 公路绿化建设应以生态学理论为指导,充分利用土地资源,因地制宜保留原有的植被、地形、地貌景观。公路绿化建设应强调植物造景,以乡土树种、木本植物为主,最大限度地提高绿化覆盖率,创造健康自然、养护简便的公路景观。

3.1.5 公路绿地内不宜采用硬质构筑,如采用应选用环保材料,其内部铺装场地宜采用透水和保水材料,贯彻高效、低耗、节约的理念。

3.1.6 Ⅰ等景观路段和Ⅱ等景观路段设计时除应符合一般路段设计要求外,还应结合周边环境特色及地形,与历史文化相呼应,创造特色化的公路绿化景观。

3.1.7 受公路建设影响的古树名木应按照相应法律法规进行保护。

3.1.8 改扩建项目规划和建设时宜保留和利用原有生长良好、健康的树木和道路两侧的自然植被。

3.2 总体设计

3.2.1 公路绿化总体设计应协调与路线、路基、桥梁、隧道等各专业关系,根据公路的区域特点、交通特征和建设目标等综合确定景观等级。

3.2.2 公路绿化设计应满足行车和行人交通上的安全和使用上的便捷。

3.2.3 公路绿化设计应优先发挥公路环境生态效益,选择的绿色植物宜具有吸收有毒、有害气体的能力。

3.2.4 公路绿化设计应以功能要求和美学原则进行景观设计,应做到平面布局合理,功能设施完善,空间序列完整。

3.2.5 公路设计时应提前预留绿化种植区域;排水不畅的绿化种植区域应设置引水管。

3.2.6 公路绿化种植区域内不宜埋设管线,管线埋设距离应符合表3.2.6-1、表3.2.6-2的规定。

表 3.2.6-1 植物与各类市政管线最小水平距离

管线名称	距乔木距离(m)	距灌木距离(m)
电力电缆	1.50	1.00
通信电缆管道	1.50	0.50
给水管道	1.50	—
雨水管道	1.50	—
污水管道	1.50	—
排水盲沟	1.00	—
燃气管道(低中压)	1.20	1.00
热力管道	2.00	2.00

注:乔木与地下管线的距离是指乔木树干基部的外缘与管线外缘的净距离。灌木与地下管线的距离是指地表处分蘖枝干中最外的枝干基部外缘与管线外缘的净距离。

表 3.2.6-2 植物与各类市政管线最小垂直距离(m)

名称	乔木	灌木或绿篱
各类市政管线	1.50	1.50

注:乔木与地下管线的距离是指乔木树干基部的外缘与管线外缘的净距离。灌木或绿篱与地下管线的距离是指地表处分蘖枝干中最外的枝干基部外缘与管线外缘的净距离。

3.2.7 植物与建筑物、构筑物外缘的最小水平距离应符合表3.2.7的规定。

表3.2.7 植物与建筑物、构筑物外缘的最小水平距离(m)

名称	乔木	灌木或绿篱
低于2m的围墙	1.00	0.75
挡土墙顶内和墙角外	2.00	0.50
地上杆柱	2.00	—
测量水准点	2.00	2.00
排水明沟	1.00	0.50
消防龙头	1.20	1.20

注:乔木与建筑物、构筑物外缘的距离是指乔木树干基部的外缘与建筑物、构筑物外缘的净距离。灌木或绿篱与建筑物、构筑物外缘的距离是指地表处分蘖枝干中最外的枝干基部外缘与建筑物、构筑物外缘的净距离。

3.2.8 公路绿化建设遇到架空电力线路时,树木与架空电力线路导线的最小垂直距离应符合现行国家标准《园林绿化工程项目规范》GB 55014的相关规定。

3.3 地形设计

3.3.1 新建项目宜结合微地形设计,运用海绵城市建设理念,因地制宜选取植草沟、雨水花园等海绵技术措施进行排水设计。

3.3.2 地形设计应考虑地下及地上管线的保护,同时应结合造景需要,充分利用现有地形,做到整体连贯,有利于自然排水,并符合下列规定:

  1 地形的起伏应适宜拟栽植植物的生长;土壤的厚度应满足植物生长,并符合表3.3.2的要求。

表 3.3.2 有效种植土层厚度

植被类型	草坪及草本地被	小灌木	大、中灌木	乔木(胸径<20 cm,浅根)	乔木(胸径<20 cm,深根)	乔木(胸径≥20 cm)
土层厚度（cm）	≥30	≥40	90	≥100	≥150	≥180

注：当行道树采用独立树穴种植时,需保证有效种植土层厚度≥150 cm。

2 设计中利用原地形,土方挖填量应内部平衡。

3 公路绿地排水宜采取自然地形排水、明沟排水或海绵技术措施排水。

4 公路绿化范围内或附近无可用于绿化灌溉水源的情况,宜按每 3 000 m² 或每 1 km 设置给水进水管。

3.3.3 公路绿化范围内地形标高不宜有大规模的高低起伏。

3.3.4 建设前应对公路绿地范围内的原有土壤进行检测分析,土壤质量应符合现行上海市工程建设规范《园林绿化栽植土质量标准》DG/TJ 08—231 的规定；如不符合,应采取措施以达到标准规定。

3.4 种植设计

3.4.1 公路绿化种植设计应以创造优美的路域环境、提供舒适安全的行驶条件、改善城市的小气候环境及协调道路各种景观元素为原则。

3.4.2 行道树设计规格宜结合公路等级进行选择：Ⅰ等景观路段新栽行道树胸径不宜小于 15 cm,Ⅱ等景观路段新栽行道树胸径不宜小于 12 cm,一般绿化路段新栽行道树胸径不宜小于 8 cm。公路行道树分为路肩行道树和人行道行道树两种。行道树设计应符合下列规定：

1 机动车道边缘树木枝下高度不得低于 4.5 m,非机动车道和人行道边缘树木枝下高度不得低于 2.5 m。

2 行道树定植株距应与选用的乔木规格和品种相匹配,宜为 6 m～10 m。

3 人行道宽度 3 m 及以上,地上具备行道树生长空间的公路,应栽植行道树;人行道宽度 3.5 m 以上可采用绿化带形式布置行道树。

4 采用独立树穴栽植时,树穴规格不应小于 1.5 m(长)×1.25 m(宽)×1.5 m(深),行道树之间宜采用透气性铺装路面。

5 当采用连续绿化带形式布置行道树时,Ⅰ等景观路段绿化带净宽度不宜小于 3 m,Ⅱ等景观路段和一般绿化路段绿化带净宽度不宜小于 1.5 m。公路路肩有条件栽植行道树时,路肩宽度不得小于 1 m。

6 除高速公路外,不同宽度的连续绿化带宜按表 3.4.3-1 进行植物配置。

7 行道树树种选择可参照本标准附录 A。

3.4.3 分隔带包含中间分隔带和两侧分隔带。分隔带绿化设计应符合下列规定:

1 分隔带宽度大于 2.5 m 时,可种植乔木,并宜乔木、灌木、地被相结合。分隔带宽度与植物配置方式可按表 3.4.3-1 执行。

表 3.4.3-1 宽度与植物配置方式

宽度 a(m)	植物配置方式
$a \leqslant 1$	灌木、花丛、地被为主
$1 < a \leqslant 2.5$	在以上配置基础上,可种植大灌木
$2.5 < a \leqslant 5$	在以上配置基础上,可种植乔木
$a > 5$	在以上配置基础上,可自然式群落布置或布置绿化小品

2 分隔带的植物配置形式不宜变化过多、过频,每一配置形式的段落最短长度应符合表 3.4.3-2 的要求。

表 3.4.3-2 植物配置段落最短长度

设计速度(km/h)	120	100	80	60	40
段落最短长度(m)	200	170	140	100	70

3 中间分隔带应遮挡对向行驶车辆的眩光,在距相邻机动车道路面以上高度 0.8 m～1.8 m 范围内配置植物的树冠应常年枝叶茂密,单独栽植的植物株距不应大于冠幅的 5 倍,也可采取连续的绿篱式栽植。

4 一般高速公路中间分隔带不宜种植乔木,应以种植灌木为主,灌木高度宜为 1.2 m～1.8 m。

5 分隔带开口处或交叉路口两端的通视三角区范围内,应采取通透式配置,不宜种植高度超过 0.6 m 的植物。不同设计速度公路通视三角区绿化带通透配置最短长度应符合表 3.4.3-3 的要求。

表 3.4.3-3 通视三角区绿化带通透配置最短长度

设计速度(km/h)	120	100	80	60	40
绿化带通透配置最短长度(m)	210	160	110	75	40

注:通视三角区的范围参见现行行业标准《公路路线设计规范》JTG D20 的相关规定。

6 分隔带两侧一般为非机动车道和机动车道,分隔带内栽植的乔木第一级分叉点高度应与通行车辆相匹配,并应符合本标准第 3.4.2 条的规定。

7 分隔带内设置雨水调蓄设施时,不得影响绿化带内乔灌木的正常生长。

8 分隔带的设计应结合公路绿化等级进行分级考虑:Ⅰ 等景观路段和 Ⅱ 等景观路段应重视景观效果,以观花观叶植物为主,形成连续有规模的景观绿化带。Ⅰ 等景观路段在节点部位宜布置景观小品。

9 分隔带植物选择可参照本标准附录 B。

3.4.4 公路用地范围内路侧绿化带设计应符合下列规定:

1 路侧绿化带内绿化宜乔木、灌木和地被相结合。

2 Ⅰ 等景观路段路侧绿化带在保证安全的情况下,可结合周边绿化带设计成开放式绿地或带状公园。

3 路侧绿化带设计应根据相邻用地性质、防护和景观要求进行设计,并与周边环境相协调。

4 Ⅰ等景观路段的路侧绿化带设计应重点考虑其景观性,突出城市的地域特色和植物景观特色风貌。

5 Ⅱ等景观路段的路侧绿化带宜采用丰富植物材料和异龄、复层、混交的配置方式。

6 一般绿化路段的路侧绿化带主要承担防护及生态隔离功能,宜保持路段内树木种植的连续性,宜采用乔灌草复层栽植形式。

7 路侧绿化带位于商业设施集中的路段时,宜按Ⅰ等景观路段的路侧绿化带进行设计,结合外侧建筑功能与建筑退线空间进行统一的景观设计,宜增加与外侧建筑底层商业间的通行空间。

8 路侧绿化带位于河道沿线的路段时,宜按Ⅱ等景观路段的路侧绿化带进行设计,结合河道风貌进行统一的景观设计,宜增加滨水区域的通行休憩空间。

9 噪声较大的城市路段,应根据噪声来源的高度范围进行绿化栽植。

10 规划允许时,道路慢行系统可结合路侧绿化带统筹考虑。

3.4.5 公路交通岛绿化设计应符合下列规定:

1 交通岛绿地不宜布置成开放式绿地,外围植物配置宜增强导向作用。

2 在行车安全视距范围内应采用通透式配置,导向岛绿地植物配置应以低矮灌木和地被植物为主,平面构图宜简洁。

3 立体交叉绿岛的绿化种植宜采用疏林草地模式。

4 符合条件的交通岛,其绿化设计可因地制宜布置雨水调蓄设施。

3.4.6 公路互通立交区绿化应在确保高架结构安全的前提下实施，设计应符合下列规定：

1 注重整体效果，以乔木为主体，形成种植群落。

2 立交绿岛周边的植物配置应具有导向作用；在导向岛绿地，应保持行车视线的通透，在通视三角区范围内，植物高度不应超过0.6 m。

3 中心岛绿地应保持各路口之间的行车视线通透，在行车安全视距范围内采用通透式配置。

4 立交绿岛的设计应注重绿岛排水问题。

5 桥下净空高度达到3 m以上的立交桥投影下，应种植耐荫植物。墙面可进行垂直绿化。

6 Ⅰ等景观路段和Ⅱ等景观路段应结合立交所处的环境特点，进行植物群落配置，形成具有地方特色的立交景观。Ⅰ等景观路段可布置景观设施及小品，打造门户地标景观。

7 公路互通立交区绿化鼓励使用节水灌溉措施，Ⅰ等景观路段和Ⅱ等景观路段宜采用自动灌溉控制系统，Ⅰ等景观路段宜采用雨水收集控制等生态环保技术。

3.4.7 服务区、养护管理生活区绿化设计应符合下列规定：

1 服务区、养护管理生活区绿化应根据不同服务区域的功能、规模和周边环境进行设计，应有利于人流、车流的集散。

2 服务区、养护管理生活区绿地面积不应小于总面积的35%。

3 公共活动区域的周边宜种植高大乔木，集中成片绿地应设计成开放式；公路两侧及儿童园内不得种植带刺植物和有毒植物。

4 停车场区域宜结合停车间隔种植高大遮阴乔木。

5 有条件时可采取立体绿化或屋顶绿化形式，屋顶绿化设计应符合现行上海市地方标准《屋顶绿化技术规范》DB31/T 493的规定。

6 绿地内的生活、服务设施及亭、廊、花架、假山等建筑设施的占地面积之和不得大于绿地总面积的2%。

3.4.8 停车区、公路驿站有条件可参照第3.4.7条规定执行。

3.4.9 公路立体绿化设计应符合下列规定:

1 设计前应对种植位置的朝向、光照、地势、土壤状况等进行勘察,因地制宜选择适宜的立体绿化形式。

2 建设风格应与依附载体及其周围环境相协调,不得影响原有建(构)筑物的安全性、功能性和耐久性。

3 设计应对所依附的载体进行荷载、支撑能力验算,确保安全性。

4 公路立体绿化的建设应符合现行上海市工程建设规范《立体绿化技术标准》DG/TJ 08—75和现行上海市地方标准《高架桥绿化技术规程》DB31/T 1151的规定。

5 新建高速公路声屏障、高架桥柱、道路隔离栏等设施宜同步考虑建设公路立体绿化。

6 新建公路的沿口绿化宜结合挡墙一体化设计,预留种植槽,不宜采取外挂式花箱。

7 改建公路工程中新增沿口绿化时,应充分评估现有结构强度是否满足绿化及土壤等新增设施的最大荷载要求。

8 Ⅰ等景观路段和Ⅱ等景观路段在工程条件允许的情况下,宜采用多项立体绿化设计。

9 应优先考虑节水灌溉措施。

10 植物选择可参照本标准附录C。

3.4.10 公路桥荫绿化空间设计应符合下列规定:

1 桥荫绿化种植前应充分考虑桥荫下的光照条件,选择合理的绿化布局。

2 桥下净空低于3 m,光照严重不足的桥荫处可不种植绿化,宜结合景观要求进行小品设施的设计。

3 植物选择可参照本标准附录D。在施工过程中如存在阳光曝晒情况，应采取适当的遮阴措施。

4 Ⅰ等景观路段和Ⅱ等景观路段宜结合桥梁排水系统考虑海绵城市技术的运用。

3.4.11 公路绿化支撑设计应符合下列规定：

1 行道树支撑设计应符合现行上海市工程建设规范《行道树栽植与养护技术标准》DG/TJ 08—2015 的相关规定。

2 绿化带内栽植高度小于 3 m 的小乔木，可采用扁担桩支撑；片植乔木可采用井字支撑，林带较宽时可采用三角支撑。

3 风力较强的区域可采用金属器械支撑。

4 Ⅰ等景观路段根据景观效果的要求可采用金属器械支撑。

5 养护工程的绿化支撑设计应参照执行。

3.5 景观设施设计

3.5.1 公路景观设施包括建（构）筑物、水景、堆山置石、园灯、雕塑（含绿雕）、配套设施（包含园椅、废物箱、饮水器、标识）等内容。

3.5.2 Ⅰ等景观路段及Ⅱ等景观路段宜结合工程实际情况考虑一项或多项景观设施及小品的布置，应符合下列规定：

1 公路景观建（构）筑物的设计宜结合路侧绿地中的步行系统或停留空间进行合理布置。

2 公路景观雕塑（含绿雕）宜布置于主要交叉口或公路区域内的集中绿地中。

3 公路水景的设计宜结合现状水系资源合理布置。

4 公路景观亮化的设计宜结合周边环境以及道路基础照明进行统筹考虑，设计时应控制灯光的色温、照度以及数量。

3.5.3 公路景观设施及小品设计应考虑小品与环境之间、小品与小品之间在风格、手法、色彩、材质上的统一。应根据功能需要设置小品，数量宜少，体量宜小，形式宜简。

3.5.4 公路景观设施及小品色彩选择宜采用淡雅柔和的色彩体系,可局部点缀鲜艳的色彩体系。

3.5.5 公路景观设施及小品的材质选择应以对比中的协调为基本原则,宜选择木材、石材、浅色金属板材、安全玻璃。宜使用本地材料、天然材料、3R材料、高科技材料,不宜使用抛光面层的材料。

3.5.6 公路景观设施及小品的结构宜采用生态型呼吸透水结构。

3.6 树种要求

3.6.1 行道树树种宜以落叶阔叶树为主,应选择树干通直、冠大荫浓、生长迅速、耐修剪、易养护、寿命较长,且花、果对环境影响较小的树种。

3.6.2 公路绿化树种规划应满足树种统一调和与多样变化相结合的原则。

3.6.3 公路绿化中的灌木及地被应选择枝叶繁茂、耐修剪、生长健壮、便于管理的树种,地被和草坪植物应选择茎叶茂密、覆盖率高、生长势强、萌蘖力强、病虫害少和耐修剪的木本或草本观叶、观花植物。

3.6.4 易受台风影响的路段,应选择抗风性强的树种,并应符合本标准第3.4.11条的规定。

3.7 栽植要求

3.7.1 公路绿化栽植宜在种植季节进行,并应符合下列规定:

1 绿化栽植工作应在地下、附属等工程完成后进行,并根据绿化种植季节处理好与主体工程的先后次序。

2 在种植季节内种植树木,带土球的树苗成活率应大于95%,裸根树苗成活率应大于85%。满铺草坪1个月或籽播、块植、植生带草坪3个月应达到覆盖度95%,块状空缺不得大于0.1 m²。

  3 公路绿地应设置配套的灌溉系统、排水沟、绿地护栏、绿化隔离栅等设施。

3.7.2 苗木栽植前应准备好种植穴、槽,并应符合下列规定:

  1 种植穴、槽定点放线应符合设计图纸要求,标识种植穴中心点的种植边线,标明定点位置、树种名称、规格。

  2 种植穴、槽的规格应按植株的根盘和土球直径适当放大;高燥砂性土地种植穴可适当加深放大;低尘黏性土地可适当放浅。种植穴、槽必须垂直下挖,上口下底大小相等,规格应符合表3.7.2-1～表3.7.2-3的要求。

表3.7.2-1 常绿乔木类种植穴规格要求

胸径 a(cm)	土球直径(cm)	种植穴深度(cm)	种植穴直径(cm)
$a \leqslant 6$	40～50	50～60	80～90
$6 < a \leqslant 10$	70～80	80～90	100～120
$10 < a \leqslant 15$	80～120	90～110	120～160
$a > 15$	>120	>110	>160

表3.7.2-2 落叶乔木类种植穴规格要求

胸径 a(cm)	种植穴深度(cm)	种植穴直径(cm)
$a \leqslant 6$	60～70	80～90
$6 < a \leqslant 8$	70～80	90～100
$8 < a \leqslant 10$	80～90	100～110
$10 < a \leqslant 15$	90～110	110～160
$a > 15$	>110	>160

表 3.7.2-3　花灌木类种植穴规格要求

灌木冠径 p(cm)	种植穴深度(cm)	种植穴直径(cm)
$p \leqslant 30$	15～25	25～30
$30 < p \leqslant 40$	25～35	30～50
$40 < p \leqslant 60$	35～45	50～70
$60 < p \leqslant 80$	45～55	70～90
$80 < p \leqslant 100$	55～60	90～110
$100 < p \leqslant 120$	60～65	110～130
$120 < p \leqslant 140$	65～70	130～150

3 挖穴、槽遇有地下管线及构筑物时，应进行设计变更。

4 栽植前应在穴、槽内施满腐熟的基肥。

3.7.3 绿化苗木选择应符合下列规定：

1 乔灌木应根系发达、生长茁壮、树型端正、冠形丰满，规格及形态应符合设计要求，严禁使用带有检疫性有害生物的苗木。乔灌木的质量应符合本标准附录 E 的规定。

2 草种、花种应有相应的出圃检验报告或说明，并在使用前作发芽试验；失效、有病虫害的种子不得使用。草种、花种、攀援植物的质量应符合本标准附录 F 的规定。

3.7.4 树木挖掘应采用带土球法，落叶树木在休眠期可采用裸根法。大树挖掘应根据品种、树木生长情况、土质、移植地的环境条件、季节等因素确定，并应符合下列规定：

1 树木胸径不大于 20 cm 时，挖掘裸根树木的根系直径或带土球树木的土球直径应取树木胸径的 8 倍～10 倍。

2 树木胸径大于 20 cm 时，挖掘带土球树木的土球直径可取树木胸径的 6 倍～8 倍。

3 无主干树木的根系直径或土球直径取根丛的 1.5 倍；根系或土球的纵向深度应取直径的 70%。

3.7.5 苗木运输前的修剪强度应根据树木的生物学特征，结合不同的种植季节,以不损坏树木原有姿态为前提,确定修剪强度;在秋季挖掘落叶树木时,应摘掉尚未脱落的树叶,保存好幼芽。

3.7.6 苗木运输应做好遮盖保湿、防冻、防晒、防雨、防风和防盗等工作。运输苗木应合理搭配,必须符合道路运输规定;对不能及时定植的树木应假植或培土,保护裸根及土球,必要时对地上部分喷水保湿和遮盖。

3.7.7 苗木种植前应对根系、树冠进行修剪,剪除劈裂、病虫、过长根系。对运输过程中损伤的树冠应根据植物特性进行修剪,保持地上地下平衡,不损害树木自然姿态;大于2 cm 的剪口应作防腐处理。

3.7.8 树木栽植各项工作应紧密衔接,并应符合下列规定:

  1 如遇极端天气或灾害性天气,应暂停种植,并采取临时措施保护树木土球和种植穴、槽。

  2 裸根苗原则上当天种植,缩短起苗到种植之间时间,当天不能种完的苗木应假植。

  3 树木种植应选较丰满完整的树冠面朝向主要视线;孤植树木应冠幅完整;丛植树应将冠幅完满面朝向外,并前低后高。

  4 乔木在种植后必须立支撑;支撑应视树种、规格、立地条件而定;支撑下埋深度视树种、规格和土质而定;严禁打穿土球或损伤根盘;成活一年后支撑应清除。

3.7.9 草坪、花卉和地被的栽植应符合下列规定:

  1 草坪栽植分种子和营养体繁殖两种。种子繁殖可分籽播、植生带铺设、喷播;营养体繁殖可分草块移植和草茎埋植。

  2 栽植花卉选择应区分花坛和花境,结合立地条件、上层植被、观赏要求、花卉生物学特性综合考虑。选用一年或两年生花卉要求统一品种和规格,株高、花色、冠径、花期无明显差异,根系完好,生长旺盛,无有害生物及机械损伤;宿根花卉根系发达并有3 个~4 个芽;草花苗应带花蕾。花卉在绿地中有效观赏期应保持在 40 d 以上。

3 水生花卉应根据不同种类、品种习性进行种植；为适合水深的要求，可砌筑栽植槽或用缸盆栽植，并应牢固埋入泥中，防止浮起。

4 地被植物应适应种植地的土壤、气候、光照、上层乔灌木种类、密度等立地条件；地被的花色、花形、叶色、叶形、花期和种植地主体乔、灌木景观应协调或互补。

3.7.10 立体绿化的栽植应符合现行上海市工程建设规范《立体绿化技术标准》DG/TJ 08—75 的相关规定。

3.7.11 大树移植应符合现行上海市工程建设规范《行道树栽植与养护技术标准》DG/TJ 08—2105 的相关规定。

4 调查与评价

4.1 一般规定

4.1.1 公路绿化调查应真实、详实、准确。
4.1.2 公路绿化评价应为养护工作提供决策依据。

4.2 调查内容与方法

4.2.1 调查内容应包括:
    1 绿化里程调查:公路总里程、可绿化里程、不可绿化里程、已绿化里程、路树更新里程等的数据采集。
    2 绿化数量调查:绿地面积、乔木数量、花灌木数量、片植灌木面积、地被面积、草坪面积、立体绿化覆盖面积等的数据采集。
    3 绿化管护情况调查:应急处置、有害生物发生及防治等的数据采集。
    4 绿化投入经费调查:当年绿化总投入、日常养护投入、新(补)植投入等的数据采集。
4.2.2 调查频率应符合表4.2.2的规定。

表4.2.2 绿化调查频率与范围

公路等级	高速公路	一级公路	二级公路	三级公路	四级公路
国道	每半年1次			—	—
省道	每半年1次				—
县道	—		每半年1次		

续表4.2.2

公路等级	高速公路	一级公路	二级公路	三级公路	四级公路
乡道	—	—	每年1次		
村道	—	—			

4.2.3 调查方法应符合下列规定：

1 管养公路里程以1 000 m为一调查单元进行绿化调查登记，调查单元应按照整千米桩号分段；调查路段两端非整千米且大于等于100 m的路段宜作为单独的调查单元；非整千米且小于100 m的路段，可并入相邻的调查单元。

2 应及时将采集的公路绿化数据按要求录入相关系统，在日常养护过程中采集的变更数据也应及时录入；调查采集数据的原始资料应存档保留3年。

4.3 评价指标与评价方法

4.3.1 评价指标应符合下列规定：

1 定量指标：绿化率、保存率评价指标应符合表4.3.1-1的要求。

表4.3.1-1 定量指标

评定等级	优 (≥90)		良 (≥80，<90)		中 (≥70，<80)		次 (≥60，<70)		差 (<60)	
公路等级	高速	一、二级	三、四级	高速	一、二级	三、四级	高速	一、二级	三、四级	高速	一、二级	三、四级	高速	一、二级	三、四级
绿化率(%)	≥98	≥95	≥96	≥90	≥94	≥85	≥92	≥80	<92	<80
保存率(%)	≥98		≥96		≥94		≥92		<92	

注：每个区间内按照线性插入法计算。

2 养护质量指标应符合表4.3.1-2的要求。

表 4.3.1-2 养护质量指标

评价指标	评价内容	评定等级							
		优 (≥ 90)		良 (≥ 80, <90)		中 (≥ 70, <80)		次 (≥ 60, <70)	差 (<60)
	景观等级划分	Ⅰ等景观路段	Ⅱ等景观路段及一般绿化路段	Ⅰ等景观路段	Ⅱ等景观路段及一般绿化路段	Ⅰ等景观路段	Ⅱ等景观路段及一般绿化路段	Ⅰ等景观路段	Ⅱ等景观路段及一般绿化路段
绿地除草保洁	绿地内有大型杂草和杂物面积 S_1 (m²)	$S_1 \leq 5$	$S_1 \leq 10$	$5 < S_1 \leq 10$	$10 < S_1 \leq 20$	$10 < S_1 \leq 15$	$20 < S_1 \leq 30$	$15 < S_1 \leq 20$	$30 < S_1 \leq 40$	$S_1 > 20$	$S_1 > 40$
绿地平整状况	除有景观外,绿地内因不平整及排水不畅产生积水区域面积 S_2 (m²)	$S_2 \leq 5$	$S_2 \leq 10$	$5 < S_2 \leq 10$	$10 < S_2 \leq 20$	$10 < S_2 \leq 15$	$20 < S_2 \leq 30$	$15 < S_2 \leq 20$	$30 < S_2 \leq 40$	$S_2 > 20$	$S_2 > 40$
绿地空秃	绿地内空秃土面积 S_3 (m²)	$S_3 \leq 5$	$S_3 \leq 10$	$5 < S_3 \leq 10$	$10 < S_3 \leq 20$	$10 < S_3 \leq 15$	$20 < S_3 \leq 30$	$15 < S_3 \leq 20$	$30 < S_3 \leq 40$	$S_3 > 20$	$S_3 > 40$
有害生物防治	有害生物发生面积 S_4 (m²)	$S_4 \leq 10$		$10 < S_4 \leq 20$		$20 < S_4 \leq 30$		$30 < S_4 \leq 40$		$S_4 > 40$	
		无检疫性有害生物		无检疫性有害生物		无检疫性有害生物		无检疫性有害生物		或有检疫性有害生物	

续表 4.3.1-2

评价指标	评价内容	评定等级			
		优 ($\geq$90)	良 ($\geq$80, <90)	中 ($\geq$70, <80)	次 ($\geq$60, <70)	差 (<60)
修剪整形状况	发生徒长枝面积 S_5 (m²)	$S_5 \leq 5$ $S_5 \leq 10$	$5 < S_5 \leq 10$ $S_5 \leq 20$	$10 < S_5 \leq 15$ $S_5 \leq 30$	$15 < S_5 \leq 20$ $30 < S_5 \leq 40$	$S_5 > 20$ $S_5 > 40$
		修剪及时形态良好	形态良好无过度修剪	修剪形态基本良好	整形修剪不规则	明显修剪过度或未整形修剪
缺株死树	株数 N_1 (株)	$N_1 \leq 1$ $N_1 \leq 2$	$N_1 = 2$ $2 < N_1 \leq 4$	$N_1 = 3$ $4 < N_1 \leq 6$	$N_1 = 4$ $6 < N_1 \leq 8$	$N_1 > 4$ $N_1 > 8$
行道树、乔木倾斜 (>10°)	株数 N_2 (株)	$N_2 \leq 1$ $N_2 \leq 2$	$N_2 = 2$ $2 < N_2 \leq 4$	$N_2 = 3$ $4 < N_2 \leq 6$	$N_2 = 4$ $6 < N_2 \leq 8$	$N_2 > 4$ $N_2 > 8$
遮挡标志	里程碑 百尺桩 绿化遮挡里程碑或百尺桩数量 N_3 (个)	里程碑: $N_3 \leq 2$; 百尺桩: $N_3 \leq 10$	里程碑: $2 < N_3 \leq 4$; 百尺桩: $10 < N_3 \leq 20$	里程碑: $4 < N_3 \leq 6$; 百尺桩: $20 < N_3 \leq 30$	里程碑: $6 < N_3 \leq 8$; 百尺桩: $30 < N_3 \leq 40$	里程碑: $N_3 > 8$; 百尺桩: $N_3 > 40$
	行车视线交通标志 绿化遮挡行车视线和影响交通标志的视认数量 N_4 (处)	$N_4 \leq 2$	$2 < N_4 \leq 4$	$4 < N_4 \leq 6$	$6 < N_4 \leq 8$	$N_4 > 8$

注：每个区间内按照线性插入法计算。

4.3.2 根据调查采集的数据资料进行定量指标计算,将养护管理状况分为优、良、中、次、差五个等级进行评价,并针对评价结果制定养护对策。

4.4 养护对策

4.4.1 应根据公路绿化评价结果进行养护工程的对策分析。
4.4.2 根据不同养护内容的评定等级,分别制订不同的养护对策。养护对策应符合表 4.4.2 的规定。

表 4.4.2 养护对策建议

评定内容	评定等级	养护对策建议
绿化率	优	保持日常巡查
	良、中	日常巡查,合适季节进行补种
	次、差	分析土壤、植物材料、养护措施原因后,可通过技术措施局部补种,或对一定路段范围内绿化进行全面更换
保存率	优	保持日常巡查
	良、中	日常巡查,对死亡绿化进行更换;对生长情况差的绿化假植到苗圃后在原处重新补种
	次、差	分析土壤、植物材料、养护措施原因后,可通过技术措施局部补种,或对一定路段范围内绿化进行全面更换
绿地除草保洁	优	保持日常巡查
	良	日常巡查,适当进行保洁除草
	中	加强日常保养,捡除杂物,清除杂草
	次	对杂草、杂物进行集中清理,恢复绿地原貌
	差	加强整治,必要时对绿地进行翻土,清除杂物杂草,重新种植绿化
绿地平整状况	优	保持日常巡查
	良、中	加强日常保养,开渠泄水
	次	开渠泄水,必要时移栽积水处不耐湿绿化
	差	开渠泄水或移栽积水处绿化后局部填土,必要时对积水绿地地形进行调整

续表4.4.2

评定内容	评定等级	养护对策建议
绿地空秃	优	保持日常巡查
	良、中	加强日常保养,补种与周边同类型绿化;不宜种植地被的树穴空秃裸土可采用树穴覆盖物覆盖
	次	深耕翻土,查找原因,根据周边植被覆盖情况在空秃裸土处补种绿化,保持景观统一;不宜种植地被的树穴空秃裸土可采用树穴覆盖物覆盖
	差	对空秃地块进行取土,分析土壤理化指标,必要时进行换土后根据绿地总体景观整体调整绿化布局,确保补种后无空秃裸土;不宜种植地被的树穴空秃裸土可采用树穴覆盖物覆盖
有害生物防治	优	保持日常巡查
	良、中	加强巡查,对病虫枝有针对性的施药
	次	对病虫枝有针对性的施药,防止有害生物扩散,必要时剪除严重病虫枝
	差	化学防治结合物理防治,必要时对染病植株整体移除销毁
修剪整形状况	优	保持日常巡查
	良、中	加强日常保养,及时清除徒长枝
	次、差	清除徒长枝,加强修剪;如修剪过度,必要时可移栽苗圃养生
缺株死树	优	保持日常巡查
	良、中	加强巡查,及时清除死株,待合适季节补种缺株
	次、差	及时清除死株,待合适季节补种缺株;同时分析死株原因,包括土壤理性指标等,必要时更换树种
行道树、乔木倾斜	优	保持日常巡查
	良、中	加强巡查,及时扶正倾斜
	次、差	及时扶正倾斜,加强绑扎
遮挡标志标线	优	保持日常巡查
	良、中	加强修剪,确保标志标线视认
	次、差	经常性修剪,确保标志标线视认,必要时对绿化种植位置进行调整

5 养 护

5.1 一般规定

5.1.1 公路绿化养护包括日常养护和养护工程。养护工程的树种、栽植要求应按本标准第 3.6 节和第 3.7 节的规定执行。

5.1.2 日常养护应符合下列规定：

1 每周至少完成一次沿线的绿化巡视，保持绿化形态整齐、无死树残桩、无影响植物生长的有害生物。

2 绿地内应保持整洁、无积水。

3 影响整体面貌和缺损的绿化应进行更新、补植和调整。

5.1.3 公路绿化养护应定期修剪、加强有害生物防控，每年秋冬季，宜在乔木树干上距地面 1 m～1.5 m 高度范围内刷白。

5.1.4 养护工程的植物材料、辅助材料的质量与规格应在栽植前进行检验；土壤应在栽植前做理化指标检测，土壤质量应符合现行上海市工程建设规范《园林绿化栽植土质量标准》DG/TJ 08—231 的规定。

5.2 行道树养护

5.2.1 灌溉应符合下列规定：

1 当植物出现水分亏缺，茎、叶等幼嫩部分出现萎蔫现象时，应及时进行灌溉。

2 在夏季连续高温干旱期间，灌溉宜安排早、晚进行，应增加行道树叶面喷雾或根部灌水的数量和频率；在冬季低温期间，灌溉宜安排在中午进行，冰冻天不应浇水；春季或秋季树木生长旺盛期应及时浇水。

　　3　新种树或立地环境较差以及需要较高湿度的树木应及时充足灌溉,宜采取叶面喷雾,雾点应细密均匀。

　　4　浇灌水宜采用中水、雨水或未受污染的河水,pH 值应为 6.5～8.0,盐分含量应小于 1 000 mg/L。

　　5　采用根灌法时,软管应贴着树木主干下部进行缓流浇灌,严禁用高压水流冲刷或在树穴范围内打孔后用高压水枪向注水孔内灌水。

　　6　采用树体喷灌法,应使用高射程水枪或高压喷雾器等对树冠、树干实施喷水或喷雾。

5.2.2　排水应符合下列规定:

　　1　树穴因缺土造成积水,应及时加土,使中间高四周低,消除积水。

　　2　树穴临时积水,应及时抽除树穴内的水分,并查明积水原因。

　　3　种植过深或地下水位过高,无法排除地下积水的,应抬高种植。

5.2.3　施肥应符合下列规定:

　　1　行道树每年应施肥 1 次～2 次。

　　2　肥料选择应符合现行行业标准《有机肥料》NY 525 和《有机-无机复混肥料》NY 481 的相关规定。

　　3　深根施肥宜采用液压施肥机通过注射器将液肥施入树穴外圈土壤内,使用的肥料宜为有机液肥。

　　4　定植后根系尚未恢复或严重缺乏营养的树木宜进行叶面喷肥,可采用喷雾法把肥料喷施在叶片表面,使用的肥料应为有机液肥或营养液。下雨天及高温天不宜进行叶面施肥。

　　5　定植后根系尚未恢复或生长势衰弱急需抢救的树木宜进行注干施肥,可在树干上打孔,孔径不应大于 1.0 cm,把配制好的营养液塑管插入即可。

6 连接带种植的行道树宜采用撒施。

5.2.4 修剪应符合下列规定：

1 行道树修剪应坚持促进树木长势提升、保持树冠圆整、消除安全隐患的原则，根据树木生物学特点和道路条件，按照分类分级的要求，合理培养骨架，进行冠型管理。

2 行道树与公共设施的安全距离除应符合现行国家标准《园林绿化工程项目规范》GB 55014 的相关规定外，尚应符合表 5.2.4 和相应的道路等级的净空要求；如不符合，应对行道树进行修剪。

表 5.2.4 行道树与公共设施的安全距离

设施名称	垂直距离(m)	水平距离(m)
电车线	0.7	1.0
交通灯	0.7	3.0
路灯	0.7	2.0
公交车辆顶部	0.3	—
屋顶、门窗、霓虹灯	0.5～1.0	0.5～1.0

3 行道树树冠的修剪应确保交通标志的可视性。

4 萌芽力强、耐修剪的树种或所处位置立地条件较差的行道树可采用杯状型修剪手法。

5 树冠形态较好的树木、慢生树、立地条件较好的大树或特大树木、无风折倒伏隐患的行道树可采用维护型修剪手法。

6 生长快速、枝条脆弱、易风折倒伏、树冠上方有高压线的行道树可采用控高型修剪手法。

7 防台风疏枝、树木移植、抢险作业、复壮更新、骨架形成期树木等的修剪可采用非常规修剪手法。

8 剥芽应在新萌发芽条尚未木质化前进行，应在 5—6 月进行且不少于 2 次。

9 落叶树木的修剪应在树木休眠期进行，常绿树木的修剪应在树木春季萌芽前进行。

10 伤流树木的修剪应在生长势相对缓慢或休眠期进行。

11 修剪切口应平整光滑,无撕皮、撕裂现象,不留短桩、烂头;直径在 5 cm 以上的切口应进行防腐处理。

12 严禁对行道树进行树冠回缩性的强修剪,严禁采用"一剥到顶"的剥芽手法。

13 对无法通过人工攀爬作业的高大行道树,应采用机械登高等措施进行修剪。

5.2.5 树穴维护应符合下列规定:

1 树穴内表面低于路面,可用加土等方法防止积水,中心加土应高出树穴 1 cm~2 cm,边缘与路面齐平,不应影响行人正常通行。

2 树穴内植物应及时修剪,死亡植株应及时更换,及时去除树穴内的大型杂草、垃圾及浮土等杂物。

3 盖板破损应及时更换,盖板内圈大小应随树干增粗及时调整,及时补充、耙平树皮、石粒等覆盖物,发现树穴周边有堆土、堆物、搭建等毁绿现象,应及时处理。

4 树穴覆盖物因树木生长或其他原因导致破损、凹凸不平、松散的应及时维护,确保树穴平整。

5.2.6 竖桩和绑扎应符合下列规定:

1 新种树、小树、经过扶正后的行道树或处于风口的行道树必须竖桩加固。

2 种植 5 年以上的行道树可去除护树桩,处于风口或路口的行道树除外。

3 应每年对老化损坏的树桩、绑扎材料进行不少于 2 次的检查、维护和更换。

4 应定时检查,发现吊桩、绑扎材料松散或嵌入树体等现象应及时调整,重新绑扎;松绑调整应在树木横向生长前完成。

5.2.7 树洞和创面的修补应符合下列规定:

1 朝天洞和直径大于 5 cm 的树木创面必须进行修补。

2 较大的树洞里面必须用钢筋做好支架再填料；中等大小的树洞用电镀铁钉钉入活体组织再填料；较小的树洞可直接用填料填充。

3 树洞修补宜在 3 月上旬至 6 月上旬或 10 月下旬至 11 月下旬进行。

4 正常养护时形成的创面应及时涂抹保护剂。

5 机械或台风形成的树木创面,有残桩的用锯锯平残桩,有凹陷的用填料填平,树木木质部部分涂上保护剂。

6 仅伤树皮,形成层未全受伤的创面应清洗伤口、包扎保湿。

7 较浅的树木伤口宜采用开放法进行修补。

8 较深的树木伤口宜采用填充法进行修补。

5.2.8 扶正应符合下列规定：

1 对倾斜超过 10°的中、小树木应进行扶正。

2 长期倾斜、树冠平衡、规格较大、不影响交通安全、无倒伏等安全隐患、扶正确有困难的行道树可不进行扶正。

3 落叶树木扶正应在秋末落完叶至翌年萌芽前；常绿针叶树扶正应在秋梢停止生长至翌年萌芽前,避开冰冻期；常绿阔叶树扶正应在秋梢停止生长至霜降（10—11 月）或翌年春天转暖至萌芽前（3—4 月）。

4 扶正应避开 6—9 月的高温天气,机械碰撞或旋风等外力造成的倾斜应即时扶正。

5 根据树木周边环境及树冠生长情况,在扶正前,应对将受到影响的枝条进行修剪。

6 扶正前应对树穴土壤进行松土、浇水。

7 小树可通过人力推拉、绳索牵引进行扶正,若人力扶正有困难,应使用扶正器具。

5.2.9 补植应符合下列规定：

1 行道树在补植前应先找出死亡原因,消除不利因素后再补植。相邻树木的树冠已密闭状态下,中间可不再补植树木。

2 补植的行道树应与原有树种、胸径保持一致,但苗木胸径不宜超过 20 cm。

3 补植时间、方法应符合苗木生长规律,确保成活率。

5.2.10 复壮应符合下列规定:

1 针对衰弱树、衰老树和受到架空线入地、有害气体影响的受损树,应根据树木的生长环境、生长状况、土壤理化指标以及根系生长状况,制定方案,选择合理的措施进行复壮。

2 应针对复壮树木的实际情况,选择合适的肥料和施肥方法进行施肥。在树穴内施基肥,土壤肥力应符合现行上海市工程建设规范《园林绿化栽植土质量标准》DG/TJ 08—231 的规定。

3 对严重盐碱化、pH 值严重超标的土壤应进行换土,宜换配方土;土壤贫瘠、营养不足,应及时施肥;土壤积水严重,应查明积水原因,开沟排水,并设置观察井;土壤板结,应在树冠垂直投影内有条件处开设 4 个～6 个深 60 cm～80 cm、直径 5 cm～10 cm 的洞穴,埋设通气管或填充陶粒等材料。

5.2.11 更新应符合下列规定:

1 绿化范围内存在安全隐患,公路、管线或管廊改扩建发生改变,自然枯死、景观面貌极差、病虫害严重的行道树,可根据情况移植、更新。

2 当行道树绿化带和分隔带中树木死亡或长势衰退达到 60%以上,且不能保持道路绿化的完整性和连续性时,宜整体更新。

3 因自然灾害或者道路改造引起树木受损比例小于 40%时,应采取局部更换或补植的方式。

4 因密度过大造成树势衰退的行道树,应进行疏移。

5.2.12 Ⅰ等景观路段、Ⅱ等景观路段与一般景观路段的行道树养护标准应按本标准附录 G 执行。

5.3 分隔带、路侧绿化带和节点绿化养护

5.3.1 保洁应符合下列规定：
  1 应保持整洁，无垃圾和堆积物，不应有悬挂物。
  2 尘土、油类物质或化学物品造成叶面污染，应结合灌水进行叶面冲洗。
  3 分隔带中浮土应清理。

5.3.2 灌溉应符合下列规定：
  1 应使用不含有害物质的水源。
  2 夏季灌溉应在清晨和傍晚，高温季节、干旱天应增加灌溉频率，冰冻天不应灌溉。
  3 应根据雨水情况和植物习性灌溉，暴雨后积水应排除。
  4 灌溉应结合松土，低洼积水处应填土整平或浅沟排水。
  5 每次灌溉应水量充足、均匀；灌水量以灌溉后半小时地面无积水为宜。

5.3.3 施肥应符合下列规定：
  1 施用肥料的种类、施肥量、施肥时期和方式应根据树种、树龄、生长阶段、土壤情况及功能等不同要求确定。
  2 生理性病害如缺素症等应结合施肥和土壤改良补充植物所需营养元素。
  3 路侧绿化带及互通立交区内的乔灌木林下落叶等植物凋落物宜保留，发挥绿地自肥功能。

5.3.4 除草应符合下列规定：
  1 侵入性、危害性杂草应去除，其他杂草高度不得高于原有植物。
  2 草坪因品种退化且杂草无法控制时，宜淘汰重铺。

5.3.5 修剪整形应符合下列规定：
  1 地被类植物修剪应促进枝条分散，加速覆盖的功能，清除

枯枝。

2 草坪生长季节应定期修剪,高度控制在 10 cm 以内;越冬前的最后一、二次修剪应提高留茬高度。

3 树木根颈周围的草应修剪整齐,边角无遗漏;轧草前应清除草坪上的石子、瓦砾、树枝等杂物;草屑应清除。

4 路缘石以及树坛、花坛边缘的草坪,应切边保持线条清晰。

5 休眠期修剪以整形为主,可重剪;生长期修剪以调整树势为主,应轻剪。有伤流的树种应在夏秋两季修剪。

6 路侧绿化带和互通立交区内乔木和灌木的修剪应以自然树形为主,不应平截强修。

7 分隔带、交通岛内绿化高度不符合本标准第 3.4.3 条的规定时,应予以修剪。

5.3.6 调整、抽稀应符合下列规定:

1 对有害生物危害严重、栽植密度大和生长势弱的树木应优先进行调整。

2 应遵循自然生态群落的原则,留大去小、留强去弱,保持原有群落的景观。

3 宜促进不同习性树种的混交,并对不同树种的自然冠形、冠幅进行科学控制。

4 分隔带开口处或交叉口路口两端通视三角区范围内的绿篱宜定期调整。

5.3.7 更新补种应符合下列规定:

1 植物更新应遵循其生物习性进行。

2 枯死植物应连同根部挖除,并填平坑槽。

5.3.8 路侧绿化带和节点绿化每年应进行 1 次~2 次中耕,中耕应符合下列规定:

1 植物根部附近的土壤应保持疏松。

2 中耕应选在晴朗或初晴天气土壤不过分潮湿的时候进

行；应在雨后或灌溉后 2 d~3 d 进行。

3 中耕深度应以不影响根系生长为限；中耕范围宜在树冠投影圈内。

5.4 立体绿化养护

5.4.1 立体绿化养护应符合下列规定：

1 根据植物种类、气候、环境和植物生长情况合理安排浇水，确保植物不发生不可逆萎蔫，浇水应及时、适量、时间正确，不影响行车和行人。

2 以河水、雨水等作为灌溉水源时，水质应符合现行国家标准《地表水环境质量标准》GB 3838 中Ⅳ类及以上水质标准相关要求。

3 已安装浇灌系统的，应根据植物种类、气候和环境等情况设定灌溉程序，自动控制浇水。

4 气温低于 3℃时应停止高架桥绿化浇水作业。

5 应清除桥柱绿化、高架沿口绿化、声屏障绿化内的垃圾，保持种植槽、花架及其他附属设施的整洁。

6 对板结土壤及时松土，种植槽或花箱内土壤低于上沿口 8 cm 时应加入肥沃介质土，冬季应施腐熟有机肥，生长季及花后应施复合肥；气温高于 35℃时，应停止施肥作业。

5.4.2 桥柱绿化养护应确保植株生长健康、植物分布均匀，与周边环境及设施相协调，并应符合下列规定：

1 车流量大的路段，冲洗植物叶面不应少于每周 1 次。

2 有滴灌设施的，应定期进行维修检测，保证其能正常使用。

3 因雨水管、窨井等市政设施破损造成的积水应及时排除。

4 对新生枝条应牵引固定使其分布均匀，固定不宜紧实。

5 牵引固定应避开交通标志、桩号牌等交通安全设施。

6 冬季应剪除生长过高影响桥柱安全的枝条,修除过密枝、重叠枝、病弱枝和病虫害严重的枝条。

7 生长季应修除枯枝、残花枝、断枝,修除影响行人、车辆行车安全的枝条,修除影响交通标志、桩号牌和沉降观测点等设施功能的枝条。

8 应对网片、种植槽、墙体支撑、给排水系统等附属设施及时检修,发现缺损、松动脱落的应及时修复。

5.4.3 立交桥沿口绿化养护应确保植株生长、规格基本一致,并应符合下列规定:

1 浇水车辆应匀速慢行,浇水压力适中。

2 浇水作业时应注意行人、车辆行车安全。

3 应定期检查种植箱、集水槽,发现破损、开裂、松动的应及时更换、加固。

4 应定期清理预置槽的排水孔道。

5 应修除枯枝、严重病虫枝、残花枝、徒长枝等,修剪时应慎防枝条下落。

6 休眠期植物应整形修剪,生长期植物应调整株型修剪。

7 植物死亡、残缺导致影响景观的沿口绿化,应在不影响行车和行人时完成更换。

5.4.4 声屏障绿化养护应确保植株生长健康、构件完整、功能完备,并应符合下列规定:

1 灌排水应符合下列要求:

  1) 根据植物品种、气候特点、声屏障类型等情况,适时、适量、以适宜的方式进行灌水和排涝。
  2) 采用灌溉设备和措施的,应根据季节与气温调整灌溉量与灌溉时间。

2 修剪应符合下列要求:

  1) 应修除枯枝、严重病虫枝、残花枝、徒长枝、萌蘖枝等,使其枝条均匀分布架面,控制植物生长所产生的活荷载不超出设计承载。
　　2）应按照设计要求引导植物枝条生长方向，及时修除影响行人、车行以及接近重要结构件的枝叶。
　3　附属设施维护应符合下列要求：
　　1）灌溉排水和设施的养护管理应包括定期对设备的检修和维护，每年至少1次。
　　2）定期检查支撑框架的主体结构以及各搭接部分，每年至少1次。雨季和台风前后，加强检修。

5.5　景观设施养护

5.5.1　景观设施养护应符合下列规定：

1　应保持景观设施结构基础安全完整。

2　应定期检查景观设施，保持清洁无垢，经常接触部位应定期洗刷、消毒。

3　应保持油漆、粉刷面完好，每年油漆1次，工程性养护不宜超过3年。

5.5.2　公路水体养护除应符合现行上海市工程建设规范《园林绿化养护技术等级标准》DG/TJ 08—702的规定外，还应符合下列规定：

1　应严格控制各类污水、污染物进入水体；严格控制雨水、灌溉水直接排入水体，排入前应清除枯枝落叶与杂物。

2　水体富营养化严重的，应及时采用无二次污染的微生物生态防治方法，控制藻类，使景观水体标准符合相应水质标准。

3　自然水体底泥应每隔2～3年清淤1次。

4　钢筋混凝土池底应定期清理和换水，池底清理每年不得少于1次；有循环装置的喷泉每天运行不应少于2 h，确保水体含氧量。

5　水质良好的水体应每年定期监测1次，富营养化严重的水体应每月至少监测1次,应送环保监测站获水体质量报告并归档。

6 每次监测的数据应与上次监测的数据比照,作为控制水质的依据。

5.5.3 给排水设施维护应符合下列规定:

1 各类外露给水设备失窃、损坏的应及时维修,避免水源浪费。

2 排水设备应保持完整、清洁,老化、损坏、失窃的应及时更换。

3 排水管线应定期疏通,积水地段应增设排水口。

5.5.4 Ⅰ、Ⅱ等景观路段绿化带附属设施养护应按现行上海市工程建设规范《园林绿化养护技术等级标准》DG/TJ 08—702中相关要求执行。

5.6 有害生物防控

5.6.1 有害生物防控应依据科学监测与研究,掌握有害生物的生活习性、危害方式、发生规律、种群动态与环境条件的关系,确定有效防控措施。常见病害和有害生物种类可参见本标准附录H。

5.6.2 应建立有害生物综合防控体系和防控监测体系,对新发、检疫性、大规模突发的有害生物等建立有效的预测、预报和预警机制。

5.6.3 有害生物监测的方法应符合下列规定:

1 应根据植物物候进行有害生物监测,通过对植物发芽、展叶、生长、落叶等物候现象预测有害生物发生时间。

2 通过公路绿地内设置昆虫测报灯,对有害生物进行监测,监测时间为每年4—10月。

3 重点有害生物防治应根据行业部门信息进行动态监测,

监测时间为 7 d~10 d。

5.6.4 有害生物防控应贯穿在植物检疫、植物栽植、植物养护的全过程中，应根据不同的阶段选择物理防治、药剂防治、生物防治等不同的防治手段，并应符合下列规定：

1 植物检疫应加强有害生物源头管控。

2 植物定植前应进行地下害虫的抽样调查和普查，并进行土壤消毒。

3 应合理修剪，对损伤的树体进行表皮损伤修补。

4 应及时清除已死亡或严重受害并成为病虫源的植物，做好病原土壤的消毒工作。

5 物理防治宜用热风或温水处理植株或种子，蒸气热处理种苗或土壤。宜采用诱杀技术消灭害虫。

6 药剂防治应采用无公害药剂，应根据有害生物的具体情况，正确选择药剂，严禁使用禁用农药。

7 应逐步推广生物防治技术，严禁近距离种植互为病虫转主寄生的园林植物。应保护和利用天敌资源，宜开展天敌的引迁、助迁工作和人工繁殖、释放试验，挂置人工鸟巢，吸引鸟类的定居和繁衍。

5.6.5 喷药质量标准应符合下列规定：

1 应按规定浓度准确配用。

2 喷药应成雾状，雾点直径不应大于 80 μm；喷粉粉粒直径不应大于 20 μm。应根据不同有害生物分布的部位，喷洒均匀。

3 用高射程喷药车喷药时，应下车绕树喷药，并摆动喷枪，击散水柱，使其成雾状，喷洒均匀。

5.6.6 根施内吸杀虫杀螨颗粒剂质量标准应符合下列规定：

1 应按规定用药量准确配用。

2 施药面积应占有效吸收根分布总面积的 1/3 以上。

3 埋土后必须浇透水，保持土壤经常湿润。

4 药剂及药粒粉尘禁止入口、禁止接触皮肤。

5.6.7 浇灌内吸杀虫杀螨药液质量标准应符合下列规定：

1 应按规定用药量准确配用。

2 应均匀地浇在植物吸收根周围。

3 药液渗完后必须封掩，配用药人员应注意安全防护，防止入口、眼和接触皮肤。

5.6.8 打针（高压注射内吸杀虫杀螨剂）法质量标准应符合下列规定：

1 应按规定用药量和浓度准确配用。

2 打针部位应在树干基部周围主根上，无条件的可在主干基部，但各针位应在主干基部周围分布均匀，并上、下错开成"品"字形排列，上、下两针位之垂直距离不应小于 20 cm。

3 加压不应过急过大，防止胀裂树皮及针孔附近发生药害。

4 起针后应封死针孔。

5.7 绿化废弃物处置

5.7.1 绿化废弃物收集应符合下列规定：

1 应根据植物生长期、养护计划、修剪操作及台风等特殊情况对绿化废弃物收集的影响，安排收集计划和工序，充分做好收集人员安排和作业工具、车辆、场地、加工设备等准备工作。

2 应根据公路绿地的情况，采取就近原则。郊区林地应就近收集，中心城区可运至指定的地点。植物垃圾应和生活垃圾分离。

3 应合理安排收集与运输的生产布局、作业时间与作业流程。

4 宜在收集场地对绿化废弃物进行简单分类捆扎、压缩，或初步粉碎等预加工后再进行运输。

5 严禁与生活垃圾、建筑垃圾混合，不得混入土、石块、铁丝、铁钉、花盆等园艺装饰用材料以及塑料等不可循环降解的材料。

6 受病菌和(或)虫卵危害的废弃物应分开专门收集且应经至少 15 d 不低于 55℃ 的高温堆肥后才能利用。

5.7.2 绿化废弃物处置包括覆盖利用和堆肥利用,除应符合现行行业标准《绿化植物废弃物处置和应用技术规范》LY/T 2316 的相关规定外,还应符合下列规定:

1 落叶不分大小可直接覆盖,应注意防止被风吹散。

2 花、草等易分解的绿色植物废弃物宜直接堆肥或干燥后覆盖。

3 树枝修剪物直径大于 3 cm 的厚实枝条宜作为绿化隔离等用途,一般树枝修剪物应初步粉碎后根据用途确定利用方式。

4 树枝修剪物粉碎后用作覆盖物的粒径宜在 2 cm 以上;绿化植物废弃物经粉碎后粒径宜小于 1 cm。

5 木片作为覆盖物时,大小宜在 3 cm～8 cm;5 cm～8 cm 的木片可用作景观中的小径铺设,厚度宜在 0.5 cm～1 cm。

6 宜通过人工或机械设备将粉碎的绿化植物废弃物和其他堆肥所需的调理剂混匀后堆起。

7 覆盖的厚度严禁大于 20 cm,宜小于 10 cm,以 7 cm～8 cm 为佳。

8 应根据日常养护要求选择适宜的时间覆盖,植物在种植后可直接覆盖。

6 安全和应急管理

6.1 一般规定

6.1.1 公路绿化建设和养护安全管理应符合现行行业标准《公路工程施工安全技术规范》JTG F90、《公路养护安全作业规程》JTG H30 的相关规定。

6.1.2 公路绿化建设和养护应急处置应以预防为主,防患未然,根据天气变化,加强绿化病害及有害生物防治、预报;加强对安全防护、疫情防治和树木倒伏伤害避让等方面知识的宣传,提高安全防范意识。

6.1.3 遇大风、大雨、大雪、雾天等特殊天气应停止公路绿化建设和养护工程作业。

6.2 占道安全作业

6.2.1 公路绿化占道作业类型包括长期作业、短期作业、临时作业和移动作业。具体要求应符合现行行业标准《公路养护安全作业规程》JTG H30 的相关规定。

6.2.2 公路绿化养护作业控制区应按警告区、上游过渡区、纵向缓冲区、工作区、下游过渡区和终止区的顺序依次布置。

6.2.3 公路绿化作业控制区限速应符合下列规定:

1 限速应在警告区内完成。

2 限速应采用逐级限速或重复提示限速。逐级限速宜每 100 m 降低 10 km/h。相邻限速标志间距不宜大于 200 m。

3 最终限速值不应大于表 6.2.3-1 的规定。当最终限速值对应的预留行车宽度不符合要求时,应降低最终限速值。

4 警告区最小长度应符合表6.2.3-1的规定。

表6.2.3-1 公路绿化施工、养护作业限速值和警告区最小长度

设计速度(km/h)	限速值(km/h)	预留行车宽度(m)	警告区最小长度(m)
80	40	3.50	800~1 000
60	30	3.25	600~800
40	30	3.25	500~800
30	20	3.00	400~700
20	20	3.00	200

5 上游过渡区、纵向缓冲区最小长度值应符合表6.2.3-2的规定。

表6.2.3-2 封闭车道上游过渡区、纵向缓冲区最小长度

最终限速值(km/h)	上游过渡区最小长度(m)	纵向缓冲区最小长度(m)
80	150~190	120~150
60	80~120	80~100
40	30~50	50
30	20~30	30
20	20	30

6 缓冲区可分为纵向缓冲区和横向缓冲区。在保障行车道宽度的前提下,工作区和纵向缓冲区与非封闭车道之间宜布置横向缓冲区,宽度不宜大于0.5 m。

7 当工作区位于下坡路段时,纵向缓冲区的最小长度应适当延长。

8 工作区的最大长度不宜超过4 km。

9 借用对向车道通行的作业,工作区的长度应根据中央分隔带开口间距和实际作业而定。工作区的最大长度不宜超过6 km。当中央分隔带开口间距大于3 km时,工作区的最大长度

应为一个中央分隔带开口间距。

  10 下游过渡区的长度不宜小于 30 m。

  11 终止区的长度不宜小于 30 m。

6.2.4 公路绿化作业人员的夜间安全服应符合下列规定：

  1 安全服与安全帽的颜色应具备反光或部分反光性能。

  2 安全服反光部分最小宽度不应小于 5 cm。

6.2.5 公路绿化养护安全设施包括临时标志及其他安全设施，各类安全设施应组合使用。

6.3 高空安全作业

6.3.1 公路绿化高空现场作业人员应戴安全帽。

6.3.2 公路绿化作业范围应设置安全警示牌，做好安全围护工作，地勤人员应疏导行人、车辆勿入作业区，保证作业人员与行人、车辆的安全距离。

6.3.3 应采取措施对树木周边各种架空线进行防护，避免剪断的枝条压断缆线或悬挂在架空线上。电力线必须取得电业部门配合，采取断电或采取安全防护措施后作业。

6.3.4 大径大枝条修剪应分段进行。特大树枝修剪或砍伐树木，应由专人负责统一指挥，保证自身安全和周围建筑物、人员的安全。

6.3.5 竹梯上树高空作业应符合下列规定：

  1 竹梯应有足够长度，倚靠枝条时应先检查其牢度，竹梯置放应有安全的倾斜角度，宜与地面成 60°，竹梯两腿根部均应包上防滑材料。上下树要放稳梯子后再登梯，不得穿滑底鞋上梯。应佩系安全带，安全带高挂低用。

  2 操作使用竹梯时应有专人看守，确保安全。

6.3.6 高空车高空作业应符合下列规定：

  1 操作者应掌握吊臂伸缩、升降、旋转的各种控制按钮及操作流程。枝条的重量应在吊绳的承受能力范围内，吊臂下严禁站人。

2 使用油锯截枝必须了解油锯的性能、功效、注意事项和操作方法,安全操作。

6.4 应急处置

6.4.1 公路绿化灾害天气应急处置应符合下列规定:
　　1 应巡视、检查绿化养护情况。应对高大乔木做支撑加固处理,应对冠幅较大的植株进行适当疏枝修剪,降低树冠受风点。
　　2 应确保绿化带排水系统清理干净,保证排水畅通。
　　3 遇到降温预警时,应检查落实防冻物资的储备,将不耐寒的乔木做缠绕草绳或塑料薄膜处理。
6.4.2 高温预警响应应符合下列规定:
　　1 遇到高温预警时,应对当年新栽植的苗木进行重点养护,宜采取根部浇灌和叶面喷洒降温相结合的措施。
　　2 发生高温红色或橙色预警时可采取遮阴、草绳绑扎、喷淋等措施。
6.4.3 台风预警响应应符合下列规定:
　　1 遇到台风预警时,应及时对护树桩及易倒伏树木进行绑紧加固处理,修剪枯枝和下垂枝,清扫并清运落叶和园林垃圾,防止在恶劣天气发生树木倾倒、折断时造成道路拥堵和树叶垃圾堵塞雨水井等情况。
　　2 台风发生时,应及时将有碍交通的树干树枝等杂物搬到路边,保证交通畅通,待恶劣天气过后再清理清运相关垃圾。
6.4.4 公路绿化有害生物预警防控应符合下列规定:
　　1 有害生物预警应按照"早发现、早报告、早准备、早消除"的原则,及时采取有效措施,防止有害生物扩散蔓延。
　　2 根据有害生物发展的程度和危害情况,结合区域实际可将发生路段划分为重点防治区域和一般防治区域。
　　3 重点防治区应针对重点防控对象开展系统监测,防止其暴发危害。针对突发危害的情况,应采取应急防控措施,控制有害生物蔓延。

4 一般防治区应做好有害生物常态监测和调查,采用物理防治、生物防治及药剂防治相结合的防控措施。

6.4.5 树木倒伏、损伤抢救应符合下列规定:

1 发现树木倒伏或即将倒伏应立即进行抢险和排险,确保人员生命和公共财产安全。

2 扶正倒伏树木应按照小修保养相关要求进行;如倒伏树木严重危害交通安全,应对倒伏树木实施短截后及时清理,置于不影响交通安全的地点。

3 移除苗木后的树穴空洞应填土夯实。

4 树木主干、枝干受到各类损伤后应及时清理伤口,消毒防腐,采取相应的保护措施。

5 树木根系受损宜采取树干表面保湿、叶面施肥、输送营养液等方式进行养护,必要时可对树冠部分进行疏剪,根系损伤较为严重的可进行重修剪,重修剪原则上应保留二级以上分叉。

6.4.6 植物热害抢救应符合下列规定:

1 植物因高温、光照造成热害时,应及时灌水、洒水,并设置遮阴物。

2 植物因热害导致局部受损枯死,应及时修剪枯枝,并为剩余植株做好遮阴等防护措施;有整株枯死的应移除,并在适宜季节补种。

6.4.7 植物出现冻死应及时清理枯枝、枯叶,有整株冻死的应移除,并在适宜季节补种。

6.4.8 有害生物导致植物损伤的抢救应符合下列规定:

1 因有害生物导致植物局部枯枝,应及时剪除,剪除的病虫枝应统一收集处置。

2 因有害生物导致植物整株死亡,应按照相关规定进行采伐,并在有害生物防控措施落实后在适宜季节补种。

7 技术管理

7.1 一般规定

7.1.1 公路绿化建设与养护应加强技术管理,严格遵守和贯彻执行有关技术规范及标准,以提高公路绿化建设与养护质量和服务水平。

7.1.2 公路绿化建设与养护技术管理的内容应包括日常养护、工程验收和数字化管理。

7.1.3 各级公路管理机构应建立健全公路绿化养护管理制度,逐步建立公路绿化养护信息化管理平台,推广公路绿化养护智能化设施与管养技术。

7.1.4 公路绿化建设与养护应加强衔接,提升机械化水平,提高绿化工程质量及服务水平。

7.2 日常养护

7.2.1 日常养护应及时、全面掌握公路绿化的整体情况,排除有损公路绿化的各种不良因素,及早采取预防和维护措施,保证公路绿化生长良好、整洁美观。

7.2.2 应建立完整的绿化日常养护管理资料档案,包括统计汇总、统计明细、巡查记录、评价记录等。

7.3 工程验收

7.3.1 公路绿化建设工程验收应按现行行业标准《公路工程质

量检验评定标准第一册 土建工程》JTG F80/1 和现行上海市工程建设规范《公路工程施工质量验收标准》DG/TJ 08—119 的规定执行,竣工档案应符合相关法律法规规定并满足工程建设主体要求。

7.3.2 公路绿化养护工程验收和竣工档案应按现行行业标准《公路养护工程质量检验评定标准》JTG 5220 和现行上海市工程建设规范《公路养护工程质量检验评定标准(土建工程)》DG/TJ 08—2144 的规定执行。

7.3.3 日常养护应结合日常巡查进行,按表 4.3.1-1、表 4.3.1-2 进行评价。

7.3.4 植物成活率、覆盖率的检验应在满足 1 年生长周期后进行。

7.4 数字化管理

7.4.1 公路绿化养护技术管理应在现有公路数据库的基础上,根据现行有关公路数据库标准的要求,录入公路绿化数据,建立完善市、区各级公路绿化数据库系统。

7.4.2 公路绿化数据库的内容应包括公路等级、车速、绿化里程、绿化设施数量、绿化品种、绿化布置、应急处置、有害生物发生和防治历史等。

7.4.3 基本数据采集以公路竣工文件为主要依据,并结合现状调查进行。公路绿化经过改、扩建或养护工程后,数据应及时进行更新。

7.4.4 公路绿化建设及养护档案宜数字化存储,动态维护、定期更新公路绿化设施基础数据。

7.4.5 日常养护资料宜纳入数字化管理。

附录 A 常用行道树

序号	植物名称	科属	拉丁学名	形态、习性及养护要点
1	香樟	樟科樟属	*Cinnamomum Camphora* (L.) Presl	常绿大乔木,生长较快,喜微酸性土壤,萌芽力强,寿命长;5月防治蚜虫和煤污病的产生,6—9月防治樟虫螟
2	广玉兰	木兰科木兰属	*Mognolia Grandiflora* L.	常绿大乔木,长势较慢,树皮淡褐色或灰色,呈薄鳞片状开裂;肉质根系不耐水湿,喜微酸性深厚土壤
3	国槐	蝶形花科槐树属	*Sophora Japonica* L.	落叶乔木,喜阳光,稍耐阴,耐寒,不耐阴湿,耐旱;对土壤要求不严,较耐瘠薄
4	二球悬铃木	悬铃木科悬铃木属	*Platanus Acerifolia* (Ait.) Willd.	落叶大乔木,生长迅速,萌芽力极强,耐修剪;5月防治白粉病和方翅网蝽的危害,全年防治天牛危害
5	青桐	梧桐科梧桐属	*Firmiana simplex* (L.) W. F. Wight	落叶乔木,生长快速,喜光,稍耐阴,喜温暖湿润的气体和深厚肥沃的砂质壤土,深根性,萌芽力弱,易遭受青桐木虱危害
6	银杏	银杏科银杏属	*Ginkgo biloba* L.	落叶大乔木,萌芽力强,深根性,寿命长;喜光,耐旱,耐寒,不耐积水,对各种土壤适应性强
7	榉树	榆科榉属	*Zelkova schneideriana* Hand.-Mazz.	落叶乔木,喜光,忌积水,不耐干;秋叶变黄、橙、红色,修剪时应注意扩大树冠
8	全缘栾树	无患子科栾树属	*Koelreuteria bipinnata* var. *integrifolia* (Merr.) T. Chen	落叶乔木,深根性,萌蘖力强,喜光,稍耐半阴,喜生长于石灰岩土壤,易生栾多态蚜,对幼叶危害较大,应及早防治

续表

序号	植物名称	科属	拉丁学名	形态、习性及养护要点
9	无患子	无患子科无患子属	*Sapindus Mukurossi* Gaertn.	落叶乔木,喜光,稍耐阴;深根性,抗风力强;萌芽力弱,不耐修剪
10	重阳木	大戟科重阳木属	*Bischofia polycarpa* (Levl.) Airy-Shaw	落叶乔木,喜光,稍耐阴,喜温暖湿润的气候和深厚肥沃的砂质土壤;较耐水湿,抗风、抗有毒气体,适应能力强,生长快速,耐寒能力弱;6月防治重阳木锦斑蛾
11	马褂木	木兰科鹅掌楸属	*Liriodendron Chinense* (Hemsl.) Sarg.	落叶大乔木,叶马褂形,喜光,有一定的耐寒性;喜深厚肥沃、适湿而排水良好的酸性或微酸性土壤
12	朴树	榆科朴树属	*Celtis sinensis* Pers.	落叶乔木,耐半阴,喜深厚肥沃湿润的土壤;树皮灰褐色,粗糙而不开裂,枝条平展
13	珊瑚朴	榆科朴树属	*Celtis juliance* Schneid.	落叶乔木,喜阳光,稍耐阴,喜温暖气候及湿润肥沃土壤,耐一定水湿;秋叶变黄
14	☆枫杨	胡桃科枫杨属	*Pterocarya Stenoptera* C. DC.	落叶乔木,喜光,耐水湿、耐寒、耐旱,速生,萌蘖能力强;伤流树
15	☆喜树	蓝果树科喜树属	*Camptotheca acuminate* Decne.	落叶乔木,暖地速生树种,喜光,不耐严寒干燥;需土层深厚、湿润而肥沃的土壤,深根性,萌芽力强,较耐水湿,不择土壤
16	☆黄连木	漆树科黄连木属	*Pistacia Chinensis* Bunge	落叶乔木,喜光,畏严寒,耐干旱瘠薄,对土壤要求不严;深根性,主根发达,抗风力强;萌芽力强,生长较慢
17	☆七叶树	七叶树科七叶树属	*Aesculus chinensis* Bunge	落叶乔木,喜光耐半阴,喜温暖气候,不耐严寒;深根性,生长较慢,寿命长
18	☆北美枫香	金缕梅科枫香属	*L. styraciflua* L.	落叶乔木,喜阳,萌蘖性强,喜微酸土壤,稍耐水湿;树皮灰褐色,方块状剥落;栽植、修剪应保护其主梢顶芽不受损,保持顶端优势;秋色叶

续表

序号	植物名称	科属	拉丁学名	形态、习性及养护要点
19	☆枫香	金缕梅科枫香属	*Liquidambar Formosana* Hance	落叶乔木,喜阳,萌蘖性强;喜微酸土壤,稍耐水湿;树皮灰褐色,方块状剥落;栽植、修剪应保护其主梢顶芽不受损,保持顶端优势;秋色叶
20	☆三角枫	槭树科槭树属	*Acer buergerianum* Miq.	落叶乔木,弱阳性,稍耐阴。喜温暖湿润的气候和深厚肥沃、排水良好的土壤,较耐水湿,萌芽力强,耐修剪;伤流树
21	☆元宝枫	槭树科槭树属	*Acer truncatum* Bunge	落叶小乔木,喜侧方庇阴,喜温凉气候,对城市环境适应性较强;深根性,抗风力强;生长速度中等,寿命较长
22	乌桕	大戟科乌桕属	*Sapium Sebiferum* (L.) Roxb.	落叶乔木,喜光,喜温暖气候及深厚肥沃而水分丰富的土壤,耐寒性不强;对土壤适应性较强,较耐盐碱;秋叶变红、橙、黄多色
23	苦楝	楝科楝属	*Melia azedarach* L.	落叶乔木,树皮暗褐色,纵裂,老枝紫色;喜阳,耐盐碱,对土壤要求不严
24	☆娜塔栎	壳斗科栎属	Quercus nuttallii	落叶乔木,适应性强,抗污染力强,气候适应性强,耐寒耐旱
25	垂柳	杨柳科柳属	*Salix babylonica* L.	落叶乔木,喜阳,不择土壤;耐修剪;生长快,寿命较短
26	榆树	榆科榆属	*Ulmus pumila* L.	落叶乔木,阳性树种,喜光,耐旱,耐寒,耐瘠薄,不耐水湿;根系发达,抗风力、保土力强;萌芽力强,耐修剪;生长快,寿命长
27	☆千头臭椿	苦木科臭椿属	*Ailanthus altissima* 'Umbraculifera'	落叶乔木,喜光,不耐阴;适应各种土壤,耐寒,耐旱,耐涝,耐盐碱,抗风,抗病虫害,适应性强;干形通直,树形美观
28	☆梓树	紫葳科梓属	*Catalpa ovata* G. Don	落叶乔木,喜光稍耐阴,抗污染能力较强;根系较浅,生长较快;喜肥沃、湿润而排水良好的土壤

续表

序号	植物名称	科属	拉丁学名	形态、习性及养护要点
29	☆楸树	紫葳科 梓属	*Catalpa bungei* C. A. Mey.	喜温和气候,不耐严寒,不耐干瘠和水湿,对有毒气体抗性较强
30	刺槐	蝶形花科 刺槐属	*Robinia pseudoacacia* L.	落叶乔木,喜光,耐干旱贫瘠,对土壤适应性强;浅根性,萌蘖性强,生长快
31	紫花泡桐	泡桐科 泡桐属	*Paulowmia Tomentosa* Steud.	落叶乔木,耐寒耐旱,耐盐碱,耐风沙,抗性强
32	合欢	含羞草科 合欢属	*Albizzia Julibrissin* Durazz.	落叶乔木,喜温暖湿润和阳光充足环境,对气候和土壤适应性强,生长迅速
33	皂荚	云实科 皂荚属	*Gleditsia sinensis* Lam.	落叶乔木,喜光,较耐寒,在微酸性、石灰质、轻盐碱土甚至黏土或砂土均可生长;抗污染,深根性,耐旱性强,寿命长
34	女贞	木犀科 女贞属	*Ligustrum Lucidum* Ait.	常绿中乔木,树皮灰褐色;枝黄褐色、灰色或紫红色,叶常绿,革质,圆锥花序顶生;不择土壤,耐修剪,生长快
35	☆香橼	芸香科 柑橘属	*C. medica* L.	常绿小乔木,花乳黄色,花期4月,具清香;果成熟后为淡黄色,果期6—12月;喜微酸性土壤
36	水杉	杉科 水杉属	*Metasequoia Glyptostroboides* Hu et Cheng	落叶乔木,耐盐碱,耐水湿;不择土壤,适应性强;直根系,大规格苗移栽需带大泥球
37	池杉	杉科 落羽杉属	*Taxodium ascendens* Brongn.	落叶乔木,喜光,喜温热气候,也有一定的耐寒性,极耐水湿,也颇耐干旱,不耐碱性土;抗风性强,生长较快
38	墨西哥落羽杉	杉科 落羽杉属	*Taxodium mucronatum* Tenore	半常绿乔木,喜温暖,耐寒性差;耐水湿,对碱性土适应性强

续表

序号	植物名称	科属	拉丁学名	形态、习性及养护要点
39	落羽杉	杉科落羽杉属	*Taxodium distichum* (L.) Rich.	落叶乔木,喜光,耐水湿,有一定耐寒能力;生长较快
40	中山杉	杉科落羽杉属	Taxodium 'Zhongshanshan'	绿色期长,耐水耐涝,耐盐碱

注:标注☆的行道树建议用在Ⅰ、Ⅱ等景观路段。

附录 B 常用分隔带植物

树种分类	常绿	半常绿	落叶
乔木	香樟、女贞、广玉兰、雪松、石楠、罗汉松等	中山杉、墨西哥落羽杉等	悬铃木、水杉、池杉、合欢、刺槐、泡桐、银杏、无患子、白玉兰、马褂木、梧桐、楝树、杜仲、白榆、榔榆、喜树、桑树、枫杨、旱柳、垂柳、意杨、乌桕、银杏、栾树、臭椿、香椿、榉树、重阳木、朴树、构树等
小乔木及灌木	雀舌黄杨、蚊母、珊瑚、蜀桧柏、夹竹桃、龙柏、桂花、山茶、柑橘、茶梅、杜鹃、龙柏、枸骨、罗汉松、海桐、石楠、胡颓子、瓜子黄杨、大叶黄杨、红叶石楠、棕榈	—	红叶李、紫薇、木槿、木芙蓉、垂丝海棠、西府海棠、紫玉兰、花桃、樱花、梅花、蜡梅、紫荆、结香、红瑞木、鸡爪槭、复叶槭、溲疏、贴梗海棠、木瓜海棠、棣棠、榆叶梅、龙爪槐、紫穗槐、石榴、木绣球、麻叶绣球、丁香、山麻杆、小叶女贞球、木槿等
绿篱及片植灌木	瓜子黄杨、南天竹、红花继木、大叶黄杨、海桐、八角金盘、桃叶珊瑚、洒金柏、雀舌黄杨、栀子花、杜鹃、黄馨、枸骨、阔叶十大功劳、狭叶十大功劳、铺地柏、红叶石楠、小叶栀子、龟甲冬青等	火棘、金丝桃、金丝梅、六月雪、金叶女贞等	红叶小檗、地被月季、迎春、锦带、连翘、金钟花、红瑞木、枸杞、山麻杆等
藤本植物	常春藤、油麻藤等	木香等	凌霄、紫藤、金银花等
竹类植物	慈孝竹、凤尾竹、箬竹等	—	—

续表

树种分类	常绿	半常绿	落叶
草本地被	麦冬、马蹄金、葱兰等	白花三叶草等	红花酢浆草、鸢尾、石蒜、美人蕉等
草坪	高羊茅、黑麦草、早熟禾、翦股颖等冷季型草等	—	马尼拉、结缕草、狗牙根、假俭草等暖季型草等

附录 C 常用立体绿化植物

表 C-1 常用立体绿化植物

植物种类	简介
爬山虎	落叶藤本,具分枝卷须,顶端有吸盘;喜阴,耐旱;对土壤适应力强;对二氧化硫、氯气等有害气体抗性强
扶芳藤	常绿藤本;茎攀援;喜阴,较耐寒,对土壤要求不严,能耐干旱贫瘠
常春藤	常绿藤本,茎借气生根攀援;极耐阴,对土壤水分要求不严
凌霄	落叶藤本,花期6—8月,萌蘖力强;喜光略耐阴,对土壤要求不严
油麻藤	常绿藤本,耐半阴,喜光,稍耐寒,土壤适应能力强
藤本月季	有刺攀援藤本,一年多次开花;喜光,喜肥沃土壤,忌积水,花后应修剪

表 C-2 立体绿化植物推荐表

类 型	推荐植物
桥柱绿化	常春藤、中华常春藤、爬山虎、五叶地锦、腺萼南蛇藤、络石、凌霄、紫藤、藤本月季、西番莲、木香、京红久忍冬、金银花类、扶芳藤等
高架沿口绿化	花叶蔓长春、云南黄馨、常春藤、红刺玫、金森女贞、银霜女贞、"红帽子"月季、"红从容"月季、"仙境"月季、金叶大花六道木、香桃木、海桐、矮紫薇、京红久忍冬、亮金女贞等
声屏障绿化	六道木、瓜子黄杨、金森女贞、络石、扶芳藤、红叶石楠、亮叶忍冬、红花檵木等

附录 D 常用桥荫绿化植物

植物种类	桥荫绿化植物特性
大吴风草	喜半阴植物,怕阳光直射,对土壤适应度较好
海桐	阳生植物,稍耐阴,喜光照,喜温暖湿润气候,耐寒性不够
吉祥草	性喜温暖、阴湿环境,较耐寒,适应性强
八角金盘	耐阴植物,耐阴,夏季怕强光暴晒,喜温暖,畏酷热,较耐湿,怕干旱
洒金桃叶珊瑚	耐阴植物,耐阴,夏季怕光暴晒
麦冬	阴生植物,耐阴性强,喜温暖湿润环境,抗旱,耐热

附录 E 乔灌木质量要求

栽植位置	乔木要求			灌木要求		根系
	树干	树冠	根系	高度	地上部分	
公路行道树、绿地主景、广场	树干挺直、胸径大于8 cm	树冠丰满茂盛,层次清晰;枝下高度满足第3.4.2-1款相关要求	必须发育良好,不得有损伤和病虫害,土球符合规范要求	1.5 m～2.0 m	冠型圆满,无偏冠、脱脚现象,骨干枝粗壮有力	根系发达、完好
路侧及立交	主干挺直、胸径大于6 cm	树冠丰满茂盛,层次清晰;枝下高度满足第3.4.2-1款相关要求	必须发育良好,不得有损伤和病虫害,土球符合规范要求	1.2 m～1.5 m	枝条要有分枝交叉,树冠匀称	
防护林带和大片绿化带	树干弯曲不超过2处	具有防护林所需的抗有害气体、烟尘、抗风等特性,树冠紧密	必须发育良好,不得有损伤和病虫害,土球符合规范要求	1.0 m～1.2 m	枝条宜多,树冠浑厚	
分隔带绿篱	—	—	—	0.3 m～1.8 m	枝密叶茂,耐修剪,抗污染及有害气体	

附录 F 草种、花种、攀援植物质量要求

苗木类型	质量要求
草卷、草块	长、宽适度,每卷(块)规格一致,边缘平直
草籽	根茅繁殖用草杂草不得超过 2%,无病虫害,生根发芽力强的纯草,植生带厚度不宜超过 1 mm,种子分布均匀,种子饱满,发芽率大于 95%
宿根、球根类花卉	应发育匀齐,完整,根系良好,有不少于 2 个幼芽,无机械提伤和病虫害
攀援植物	有健壮主蔓和发达根系,年龄在 2 年以上

附录 G 行道树养护标准

序号	项目	Ⅰ等景观路段	Ⅱ等景观路段	一般路段
1	景观	1) 群体植株树冠完整统一,生长茂盛,规格整齐有较好的遮阴和生态效果; 2) 树木规格一致	1) 群体植株面貌基本统一,规格基本整齐,生长良好,有较好的遮阴效果; 2) 树木规格基本一致	群体植株青枝绿叶,有遮阴效果
2	生长	1) 无死树,无缺株; 2) 植株全年生长正常,无枯枝、断枝和生长不良枝	1) 无死树,基本无缺株,缺株率应小于1%; 2) 植株全年生长正常,无明显的枯枝、生长不良枝和树叶黄化现象	1) 无死树,无明显的缺株,缺株率应小于3%; 2) 植株全年生长基本正常
3	树冠	树冠完整		树冠基本完整
		基本无影响交通、架空线等公共设施的树枝		
4	主干	1) 树干基本挺直,倾斜度10°以上的树应小于1%; 2) 机动车道边缘树木枝下高度不得低于4.5 m,非机动车道和人行道边缘树木枝下高度不得低于2.5 m; 3) 无萌生的芽条	1) 树干基本挺直,倾斜度10°以上的树应小于5%; 2) 机动车道边缘树木枝下高度不得低于4.5 m,非机动车道和人行道边缘树木枝下高度不得低于2.5 m; 3) 基本无萌生的芽条	1) 树干基本挺直,倾斜度10°以上的树应小于10%; 2) 机动车道边缘树木枝下高度不得低于4.5 m,非机动车道和人行道边缘树木枝下高度不得低于2.5 m; 3) 无明显萌生的芽条
5	树桩	新栽或胸径15 cm的植株、路口及穿堂风处的植株必须有完整无损的树桩,扎缚规范、有效	新栽或胸径15 cm的植株、路口及穿堂风处的植株必须有基本无损的树桩,扎缚规范、有效	

续表

序号	项目	Ⅰ等景观路段	Ⅱ等景观路段	一般路段
6	树洞	无未补树洞,树洞修补质量好	无5 cm以上未补的树洞,树洞修补质量较好	无10 cm以上未补的树洞,树洞修补质量一般
7	树穴	树穴形式统一		
7	树穴	1) 盖板或覆盖物完整,无空缺; 2) 种植地被的树穴,地被生长良好	1) 盖板或覆盖物基本完整; 2) 种植地被的树穴,地被生长基本良好	1) 树穴内不缺土,根系无裸露; 2) 有防尘措施
8	有害生物控制	1) 基本无有害生物危害状; 2) 枝叶受害率应小于8%,树干受害率应小于3%; 3) 无杂草	1) 无明显有害生物危害状; 2) 枝叶受害率应小于10%,树干受害率应小于5%; 3) 基本无杂草	1) 无严重有害生物危害状; 2) 枝叶受害率应小于15%,树干受害率应小于10%; 3) 无影响景观面貌的杂草
9	清洁	树穴无垃圾,树干上无悬挂物		

附录 H 常见病害和有害生物种类

部位\种类	病害	虫害
叶部、嫩梢病虫害	白粉病、锈病、炭疽病、叶斑病、角斑病、草坪纹枯病、黄化病、赤枯病、煤污病、病毒病、丛枝病、类菌质体病害	食叶性害虫：杨小舟蛾、杨扇舟蛾、分月扇舟蛾、黄刺蛾、褐边绿刺蛾、扁刺蛾、丽绿刺蛾、樟叶蜂、樟丛螟、黄杨绢野螟、丝棉木金星尺蛾、小蜻蜓尺蛾、重阳木锦斑蛾、白蜡卷叶螟、斜纹夜蛾、淡剑袭夜蛾、葱兰夜蛾、大蓑蛾、茶蓑蛾、小蓑蛾、黄尾毒蛾、绿尾大蚕蛾、樗蚕、天蛾类、柳兰叶甲、金龟子、蜗牛、蛞蝓。 刺吸式害虫：蚜虫（重点防治吹绵蚧、日本壶蚧、红蜡蚧、松红蜡蚧、龟蜡蚧、角蜡蚧、白蜡蚧、紫薇绒蚧、桑白盾蚧、白轮盾蚧、牡蛎蚧）、蚜虫（海桐蚜、栾多态毛蚜）、粉虱（柑桔粉虱、黑刺粉虱）、木虱（樟木虱、青桐木虱、海桐木虱）、蓟马、网蝽（梨网蝽、樟脊网蝽、杜鹃冠网蝽、悬铃木方翅网蝽）、叶螨、瘿螨、叶蝉
茎、干部病虫害	杨树水泡性溃疡病、干腐病、枯萎病、日灼病	钻蛀性害虫：桑天牛、星天牛、光肩星天牛、云斑天牛、桃红颈天牛、合欢双条天牛、顶斑筒天牛、双斑锦天牛、六星吉丁虫、合欢吉丁虫、白杨透翅蛾、咖啡木蠹蛾、柳干木蠹蛾、大竹象
根部病虫害	根癌病、立枯病、白绢病、菌核病、绵腐病、软腐病、疫病、线虫病、枯萎病、紫纹羽病	根部（土壤或地下）害虫：蛴螬、蝼蛄、小地老虎
草害	检疫性杂草：豚草、毒麦、菟丝子、列当	草坪杂草：豚草、莲子草、天胡荽、香附子、蓳草、灰绿藜、藜、打碗花、灰绿碱蓬、小旋花、小车前、马唐、狗牙根、稗草、莎草、一年蓬、黄花酢浆草、灯心草、牛鞭草、鹅肠草、千金子、稻槎菜、波斯婆婆纳、龙葵、马兰、地耳草、马齿苋、加拿大一枝黄花

— 61 —

本标准用词说明

1 为便于在执行本标准条文时区别对待,对于要求严格程度不同的用词说明如下:

1) 表示很严格,非这样做不可的用词:

正面词采用"必须";

反面词采用"严禁"。

2) 表示严格,在正常情况下均应这样做的用词:

正面词采用"应";

反面词采用"不应"或"不得"。

3) 表示允许稍有选择,在条件许可时首先应这样做的用词:

正面词采用"宜";

反面词采用"不宜"。

4) 表示有选择,在一定条件下可以这样做的用词,采用"可"。

2 条文中指明应按其他有关标准、规范执行的写法为"应符合……的规定"或"应按……执行"。

引用标准名录

1 《地表水环境质量标准》GB 3838
2 《园林绿化工程项目规范》GB 55014
3 《有机-无机复混肥料》NY 481
4 《有机肥料》NY 525
5 《公路养护工程质量检验评定标准 第一册 土建工程》JTG 5220
6 《公路路线设计规范》JTG D20
7 《公路工程质量检验评定标准 第一册 土建工程》JTG F80/1
8 《公路工程施工安全技术规范》JTG F90
9 《公路养护安全作业规程》JTG H30
10 《绿化植物废弃物处置和应用技术规范》LY/T 2316
11 《屋顶绿化技术规范》DB31/T 493
12 《高架桥绿化技术规程》DB31/T 1151
13 《行道树栽植与养护技术标准》DG/TJ 08—2015
14 《立体绿化技术标准》DG/TJ 08—75
15 《公路工程施工质量验收规范》DG/TJ 08—119
16 《园林绿化栽植土质量标准》DG/TJ 08—231
17 《园林绿化养护技术等级标准》DG/TJ 08—702

标准上一版本编制单位及人员信息

DG/TJ 08—2167—2015

主 编 单 位：上海市路政局

参 编 单 位：上海市交通工程学会
　　　　　　　上海浦东新区公路管理署
　　　　　　　上海市青浦区公路管理所

主要起草人：吴青峰　张　毅　周丽娜　李志明　瞿琳瑾
　　　　　　　沈建芳　杨　意

上海市工程建设规范

公路绿化建设与养护标准

DG/TJ 08—2167—2023
J 13041—2023

条文说明

2023　上海

目 次

3 建 设 ·· 69
　3.1 一般规定 ·· 69
　3.2 总体设计 ·· 69
　3.3 地形设计 ·· 69
　3.4 种植设计 ·· 70
　3.5 景观设施设计 ······································ 71
　3.7 栽植要求 ·· 71
4 调查与评价 ·· 73
　4.3 评价指标与评价方法 ································ 73
5 养 护 ·· 75
　5.1 一般规定 ·· 75
　5.2 行道树养护 ·· 75
　5.3 分隔带、路侧绿化带和节点绿化养护 ·················· 78
　5.4 立体绿化养护 ······································ 78
　5.6 有害生物防控 ······································ 79
　5.7 绿化废弃物处置 ···································· 80
6 安全和应急管理 ·· 81
　6.2 占道安全作业 ······································ 81
　6.4 应急处置 ·· 81
7 技术管理 ·· 82
　7.3 工程验收 ·· 82

— 67 —

Contents

3 Construction ········· 69
   3.1 General requirements ········· 69
   3.2 General design ········· 69
   3.3 Topographical design ········· 69
   3.4 Planting design ········· 70
   3.5 Landscape facilities design ········· 71
   3.7 Requirements for planting ········· 71
4 Investigation and evaluation ········· 73
   4.3 Evaluation indicators and methods ········· 73
5 Maintenance ········· 75
   5.1 General requirements ········· 75
   5.2 Street tree maintenance ········· 75
   5.3 Separator, green belt and node planting maintenance ········· 78
   5.4 Vertical planting maintenance ········· 78
   5.6 Pest control ········· 79
   5.7 Greening waste disposal ········· 80
6 Safety and emergency management ········· 81
   6.2 Road work ········· 81
   6.4 Emergency disposal ········· 81
7 Technical management ········· 82
   7.3 Acceptance of engineering ········· 82

3 建　设

3.1 一般规定

3.1.4 公路绿化植物选择以适应性强、低养护的乡土树种为主的同时，可适当搭配已驯化成功、表现良好的外来树种，丰富物种多样性和季相表现，但需要注意不得使用具有侵略性的植物。

3.2 总体设计

3.2.3 公路绿化植物宜选择对大气颗粒物或二氧化硫、氮氧化合物等有毒有害气体抗性强、能吸收的品种。

3.2.5～3.2.7 需要在设计开始时，各专业之间互相提交相关规范要求，绿化专业需要提交包括但不限于《上海市古树名木和古树后续资源保护条例》、现行行业标准《城市道路绿化规划与设计规范》CJJ 75 等专业规范，以及绿化带的最小宽度、深度、与市政管线的最小距离等规范要求。

3.3 地形设计

3.3.1～3.3.3 公路绿化设计中的地形设计除了造景之外主要是功能作用，包含排水（含海绵城市系统）、满足植物种植所需的土层厚度、管线敷设埋深要求等，因此公路绿地地形设计的前提是不能影响行车视线。

3.3.4 公路绿化种植土壤必须符合现行上海市工程建设规范

《园林绿化栽植土质量标准》DG/TJ 08—231 的规定,禁止使用建筑垃圾、渣土等,不符合要求的土壤应根据实际情况进行土壤改良或客土换填。在地下水存在盐碱情况的地区,应考虑采用防渗土工布等措施,避免后期再一次影响改良或换填后符合要求的种植土。根据原状土不同的情况,可采用的措施包括微生物法、植物法、上肥法、添加剂法和排土客土法等。

3.4 种植设计

3.4.2 行道树设计应符合下列规定:

2 布置在人行道上的行道树间距建议 8 m~10 m,在土路肩种植的行道树间距根据树种品种和规格合理选择,间距建议不小于 6 m。

5 在有条件的情况下推荐连续绿化带的形式,能够给植物更多的生长空间,同时提升道路绿地率。采用连续绿化带布置行道树的形式包括土路肩有条件栽植行道树的情况。

3.4.3 分隔带绿化布置的目的是以具有景观效益的方式进行安全防护隔离,因此需要保证分隔带最基础的宽度和深度,保证植物的生长要求。考虑到公路绿化的养护周期、养护强度以及所处的环境,植物的生长情况主要取决于植物本身的抗性以及生长空间和土壤质量,因此分隔带的宽度建议不低于 50 cm。

3.4.4 一般绿化路段的路侧绿化带通常承担防护及生态隔离功能为主,需考虑路段内的连续性和复层栽植结构,强化隔离性。路侧绿化带的设计可同时参考现行国家标准《公园设计规范》GB 51192 和《无障碍设计规范》GB 50763。

3.4.5~3.4.10 明确了公路交通岛、公路互通立交区、服务区及养护管理生活区、立体绿化、桥阴绿化空间的绿化设计要求,应根据实际情况在设计时进行相应参考。

3.4.11 乔木支撑材料包括竹竿、木桩、金属、防风绳、水泥桩、成品器械等。支撑形式包括单柱支撑、扁担桩支撑、三角支撑、井字支撑和隐形支撑等。

3.5 景观设施设计

3.5.2 公路绿化照明设计应结合植物群落位置适量布置,应避免过度亮化影响植物的生长习性。

3.7 栽植要求

3.7.1 公路绿化栽植宜在种植季节进行,并应符合下列规定:

1 常绿植物的挖掘种植应在春天土壤解冻后、树木发芽前,或在秋季新梢停止生长后霜降前进行;上海地区在每年3—5月、梅雨季节、10—11月;落叶植物种植和挖掘应在春季解冻以后、发芽以前或在秋季落叶后冰冻以前进行;上海地区在每年11月至次年3月,并避开冰冻天;暖季型草种以春季至初夏尤以梅雨季为宜;冷季型草种以春季和秋季为好;草块移植和草茎埋植除冰冻天外均可进行。

2 因特殊情况,需在非种植季节植树,应按不同树种采取相应的技术措施,事先做好准备工作,以便随挖、随运、随栽。苗木应进行强修剪,剪除部分侧枝,保留的侧枝也应疏剪或短截,应至少保留原树冠1/3,同时各类树木必须带好土球,土球大于正常植树季节一个规格,并做到各个种植环节步骤衔接;栽后立即对树干和二、三级枝缠干,在夏季对树冠喷雾保湿、搭棚遮阴、树干保湿、土壤浇水,保持空气湿润;冬季加强植后防寒。

3.7.2 苗木栽植前应准备好种植穴、槽,并应符合下列规定:

2 各种树木种植的位置必须准确,挖掘种植穴时,按图定点放线。属于规则式种植时,树穴要排列整齐,属于自然式种植时,树穴应达到设计的配置要求。

3 挖种植穴、槽前,应调查附近所设地下管线标志,并联系有关单位了解地下管线设施情况,避免损伤设施。如确实无法按照要求进行穴、槽的挖掘,可进行设计变更。

4 作为基肥的树穴施肥,应将充分腐熟的有机肥与土壤搅拌均匀,在穴底铺平再覆土一层,以防根部直接与肥接触,烧伤根系。

3.7.4 树木挖掘应采用带土球法,落叶树木在休眠期可采用裸根法。大树挖掘应根据品种、树木生长情况、土质、移植地的环境条件、季节等因素确定,并应符合下列规定:

1 落叶树木胸径小于 10 cm,可裸根挖掘。

2 常绿树木胸径大于 20 cm,不得挖裸根。

3.7.9 草坪、花卉和地被的栽植应符合下列规定:

2 花卉种植用苗应选用经过 1 次~2 次移植、根系发育良好的植株,裸根苗应随起苗随种植,土球苗不得散球,注意保鲜不得萎蔫;花坛种植时,应按设计要求分色彩种植,在起苗、运苗、分苗中,应将不同品种、不同色彩分别放置,严防混淆;花苗种植时注意植株高低、冠径大小,合理搭配。栽植深度以原种植深度为好,栽后及时浇水,注意浇水方法,不能沾污植株。

3 水生植物的挺水类如荷花,对水深要求严格,必须控制在 100 cm 以下。

4 调查与评价

4.3 评价指标与评价方法

4.3.1 定量指标体现了整条公路的绿化品质的总体状况;养护质量指标反映了各具体路段的绿化品质,对它的评价为制订养护对策和编制养护计划提供了辅助决策。

1 绿化率评分:高速公路及一、二级公路绿化率达到100%,评定等级为100;每降低1个百分点,评定等级降5点,因此,绿化率达到98%,评定等级为90;绿化率达到96%,评定等级为80;以此类推。三、四级公路绿化率达到100%,评定等级为100;每降低1个百分点,评定等级降2点,因此,绿化率达到95%,评定等级为90;绿化率达到90%,评定等级为80;以此类推。保存率评分:所有公路绿化保存率达到100%,评定等级为100;每降低1个百分点,评定等级降5点,因此,保存率达到98%,评定等级为90;保存率达到96%,评定等级为80;以此类推。

2 绿地除草保洁、绿地平整状况、绿地空秃、修剪整形状况按照面积进行评分,且将评分标准按照Ⅰ等景观路段和Ⅱ等景观路段及一般绿化路段分类进行评价。有害生物防治评分不分类。例如:Ⅱ等景观路段及一般绿化路段(包括有害生物防治)整路段没有问题,评定等级为100;每发现 1 m^2(大型杂草、杂物、积水、空秃、有害生物、徒长枝)问题,评定等级降1点,因此,发现 10 m^2 问题,评定等级为90;发现 20 m^2 问题,评定等级为80;以此类推。Ⅰ等景观路段整路段没有问题,评定等级为100;每发现 1 m^2(大型杂草、杂物、积水、空秃、有害生物、徒长枝)问题,评定等级降2点,因此,发现 5 m^2 问题,评定等级为90;发现 10 m^2 问题,评定等级为80;以此类推。

　　缺株死树,行道树、乔木倾斜按照株树进行评分,且将评分标准按照Ⅰ等景观路段和Ⅱ等景观路段及一般绿化路段分类进行评价。例如:Ⅱ等景观路段及一般绿化路段没有缺株死树、倾斜,评定等级为100;每发现1株缺株死树及倾斜,评定等级降5点,因此,缺株死树、倾斜2株,评定等级为90;缺株死树、倾斜4株,评定等级为80;以此类推。Ⅰ等景观路段没有缺株死树、倾斜,评定等级为100;每发现1株缺株死树及倾斜,评定等级降10点,因此,缺株死树、倾斜1株,评定等级为90;缺株死树、倾斜2株,评定等级为80;以此类推。

　　遮挡标志标线评分不分类:里程碑、百米标没有被绿化遮挡,评价等级为100;每发现里程碑被遮挡1个或百米标被遮挡5个,评定等级降5点,因此,发现里程碑被遮挡2个或百米标被遮挡10个,评定等级为90;发现里程碑被遮挡4个或百米标被遮挡20个,评定等级为80;以此类推。行车视线和交通标志没有被绿化遮挡,评价等级为100;每发现遮挡1处,评定等级降5点,因此,发现2处,评定等级为90;发现4处,评定等级为80;以此类推。

5 养 护

5.1 一般规定

5.1.3 刷白是指用石灰水加盐或石硫合剂等材料对树木从地面至树干1.3 m处涂白,可防日灼伤害,减少树干对太阳辐射的吸收,降低树体昼夜温差,避免树干冻裂,杀死在树皮内越冬的有害生物。

5.1.4 养护工程植物材料需提供苗木检疫证或出圃单,辅助材料需提供出厂合格证明,栽植土需提供土壤检测报告。

5.2 行道树养护

5.2.4 修剪应符合下列规定:

　　4 萌芽力强、耐修剪的树种或所处位置立地条件较差的行道树,可采用杯状型修剪手法,并应符合下列要求:

　　　　1) 新种树或小树骨架培养修剪:一级骨架培养应均匀留好树干顶部4根~6根与主干成135°左右夹角的强壮枝条,最终选留3根~4根一级主枝;二级骨架培养应在一级骨架每根枝顶部各预留2根~3根分枝,最终选留2根分枝;三级以上骨架与二级骨架培养相同,每级主枝长度以30 cm~60 cm为宜。

　　　　2) 中树修剪应扩大树冠:树冠上部的枝条应适当抽稀,保留中下部枝条,合理留好踏脚枝及营养枝,整体高度保持一致。

　　　　3) 大树修剪以保持树冠形态为重点,树冠顶部的枝条应进行抽稀、短截,并控制高度;中部枝条应适当保留,修剪后呈"上疏中密下空"的形态。

5 树冠形态较好的树木、慢生树、立地条件较好的大树或特大树木、无风折倒伏隐患的行道树可采用维护型修剪手法,并应符合下列要求:

1) 修剪时应保持树木原有树冠形态,剪除结果枝、直立枝、枯枝烂头、严重病虫枝、下垂枝、矛盾枝。
2) 修剪时应处理好与道路交通设施、建筑的矛盾。

6 生长快速、枝条脆弱、易风折倒伏、树冠上方有高压线的行道树可采用控高型修剪手法。应重点修去顶端直立生长的枝条,降低树木高度。在兼顾树冠圆整的条件下,修除过密枝、徒长枝、矛盾枝。

7 非常规修剪应符合下列要求:

1) 防台风疏枝修剪:应以疏枝为主,不得修剪骨架枝,不得改变树木基本形态。
2) 树木移植、抢险作业修剪:应在不影响树木成活的情况下进行,并至少保留二级以上骨架。
3) 复壮更新修剪:应在保留骨架枝的基础上,适当采取强修剪的方法,培养更新枝条。
4) 骨架形成期树木的修剪:应遵循"留强去弱、兼顾方向"的原则,对新种树或历经重截而萌发较多枝条的树木,进行修剪。

8 剥芽应符合下列要求:

1) 芽条去留应与修剪手法相匹配,并与冬修互相衔接。
2) 剥芽应根据树木萌芽情况,分批剥除。悬铃木至少应安排每年2次剥芽。
3) 采用杯状型修剪手法的树木,在剥芽时应重点剥去内向及直立芽条,适当保留外向芽条,空挡处应多留芽条。
4) 主干分枝点以下的芽条应全部剥除。

5）新种树应以恢复生长势为原则，适当轻剥。剥芽时应剥至芽条的基部，防止撕皮及留梗。

5.2.6 竖桩和绑扎应符合下列规定：

1 重要交通路段或长年处于风口的行道树，宜选用永久性钢支撑，并增加检查频率。

5.2.7 树洞和创面的修补应符合下列规定：

2 修补使用的填料、保护剂等不应对人体、树体有害，应有利于伤口愈合，不影响道路景观。

4 保护剂应容易涂抹、粘着性好、受热不融化、不伤害树体组织且有防腐作用。

7 开放法适用于处理较浅的树木伤口。用锯锯平残桩，用刀刮净已死组织，然后用防腐药剂消毒伤口后涂上保护剂。创面大、没有深度腐烂的树洞，可视情况用保护剂处理。

8 填充法适用于处理较深的树木伤口。挖除树洞内腐烂物，至活体组织显现，用凿子削平伤口四周，使洞口边缘平滑呈弧形。用防腐消毒剂对伤口全面消毒至少 2 次，待前一次干后再进行下一次消毒。常用填充料有碎砖块、水泥、小石子等。最外层用比例为 2∶1 或 3∶2 的水泥和纸筋石灰进行填充。填充料必须层层捣实，不得留空隙，填充物边缘不得超出形成层，防止边缘积水。洞口必须严密平滑不透水，表面用涂料装饰成树皮状。

5.2.8 扶正应符合下列规定：

7 树木扶正器由树皮保护垫、顶板、收紧带、收紧器、液压缸、底板和操作杆组成，利用超长液压缸与收紧带形成牢固的支撑结构，产生的最大推力为 12 t，能矫正胸径 10 cm～50 cm 的树木。利用扶正器扶正树木应符合下列要求：

1）扶正器顶部应固定在树木主干倾斜面下方适当的位置，并用绳索等材料将其绑扎固定。

2）扶正器与树干接触部位应使用软性材质垫衬。

3）固定好的扶正器必须处于倾斜树木的垂直投影面内，以保证扶正过程中不发生偏移。

4）操纵液压杆或收紧铁葫芦将树干扶正,并适当越过竖直位置。操作时必须注意人身安全,严禁扶正器超荷载工作。

5）树木扶正到位后,采取打地桩、竖桩绑扎、拉铅丝、加土夯实、浇水等措施对树木进行加固处理。

5.2.11 行道树更新应符合下列规定：

2 整体更新时,宜选用景观效果好、适应性强、成活率高的新优品种。

5.3 分隔带、路侧绿化带和节点绿化养护

5.3.3 分隔带施肥应使用撒施等方法；施肥应在晴天,除根外施肥,肥料不得触及叶片；有机肥应腐熟后施用；观花、观果植物宜适当增加施肥量；土壤中有机质含量低于2%应增施有机肥。

5.3.5 修剪整形应符合下列规定：

6 路侧绿化带和互通立交区内乔木和灌木的修剪应以自然树形为主,不得平截强修,乔木类应修除徒长枝、病虫枝、交叉枝、并生枝、下垂枝、扭伤枝、枯枝等,保持其生长的自然形态；花灌木类修剪应根据植物习性并满足功能要求。

7 绿篱类修剪应修除平侧枝,统一高度和侧面,顶面和侧面兼顾；球类等特殊造型应逐步修剪成形。

5.3.8 中耕是指采用人工方法促使土壤表层松动,从而增加土壤透气性,提高土温,促进肥料分解,有利于根系生长。

5.4 立体绿化养护

5.4.2 桥柱绿化养护应确保植株生长健康,植物分布均匀,与周边环境及设施相协调,并应符合下列规定：

4 绿化牵引及时,疏密适度,控制植物生长所产生的活荷载满足网片的承载。

5.6 有害生物防控

5.6.4 有害生物防控应贯穿在植物检疫、植物栽植、植物养护的全过程中,应根据不同的过程选择物理防治、药剂防治、生物防治等不同的防治手段,并应符合下列规定:

1 植物检疫应加强有害生物源头管控,涉及苗木调运时必须严格执行植物检疫程序,严禁使用检疫性和危险性的苗木。发现检疫性有害生物,立即上报主管部门,配合开展防控,防止疫情的扩散和蔓延。

3 合理修剪,保持植株良好的通风透光性。摘除悬挂或依附在植物体和建筑物上的越冬虫茧、虫囊和卵块、卵囊及休眠虫体,剪除孵化初期尚未分散的小幼虫枝叶,并集中处理;人工捕杀个体大、危害明显的害虫,以及有假死性、群集性或飞翔性不强的成虫。对损伤的树体进行表皮损伤修补,避免人为传播和感染;保持绿地环境卫生,收集绿地中的有害生物残体,集中处理。

5 物理防治诱杀宜用黑光灯或频振式杀虫灯诱杀成虫,其他诱杀方法还包括毒饵诱杀、饵木诱杀、潜所诱杀和色板诱杀等。

6 药剂防治应科学使用农药,通过改进施药器械和施药方法提高药剂利用率,减少药剂污染和浪费。应采用对人畜和天敌安全且在对害虫有效浓度下对植物无药害、对周边环境无影响或影响较小的无公害药剂。根据有害生物发生的具体情况,正确选择药剂;避免单一药剂及相同作用机理的药剂长期使用,对植物产生药害。严禁使用禁用农药,倡导使用生物农药。

7 生物防治应合理配置绿地植物,严禁近距离种植互为病虫转主寄生的园林植物,避免相同食料及相同寄主范围的植物混栽或间作。宜增加蜜源植物和作为天敌昆虫补充寄主的食料植物和鸟食植物。

5.7 绿化废弃物处置

5.7.2 绿化废弃物处置包括覆盖利用和堆肥利用,除应符合现行行业标准《绿化植物废弃物处置和应用技术规范》LY/T 2316的相关规定外,还应符合下列规定:

  2 树枝修剪物或间伐物中新鲜叶片较多、草坪修剪物等易分解腐烂的材料不适宜做大面积覆盖使用。

  8 根据日常养护要求选择适宜的时间覆盖,植物在种植后可直接覆盖;日常养护覆盖季节是每年的春末;土壤湿润覆盖应在雨后或浇透水之后铺放覆盖物;杂草清除干净后再铺放覆盖物。

6 安全和应急管理

6.2 占道安全作业

6.2.5 临时标志包括施工标志、改道标志、导向标志和限速标志等,使用时应符合下列规定:
 1 施工标志、改道标志、导向标志宜布设在警告区起点。
 2 限速标志宜布设在警告区的不同断面处。
 3 解除速标志宜布设在终止区末端。
 4 交通锥形状、颜色和尺寸应符合现行国家标准《道路交通标志和标线》GB 5768 的有关规定,布设在上游过渡区、缓冲区、工作区和下游过渡区。布设间距不宜大于 10 m,其中上游过渡区和工作区布设间距不宜大于 4 m。
 5 移动隔离栏、伸缩隔离栏颜色应为黄、黑相间,宜布设在工作区或上游过渡区与缓冲区之间,并宜组合使用。
 6 附设警示灯的路栏颜色应为黄、黑相间,宜布设在上游过渡区与缓冲区之间。
 7 闪光设施包括闪光箭头、警示频闪灯。闪光箭头宜布设在上游过渡区;警示频闪灯宜布设在需加强警示的区域。

6.4 应急处置

6.4.4 公路绿化有害生物预警防控应符合下列规定:
 3 重点防治区是指对景观要求较高的Ⅰ等景观路段、Ⅱ等景观路段,还包括防治示范区域、重大活动景观保障区域范围内的路段等
 4 一般防治区是指除重点防治区以外的路段。

7 技术管理

7.3 工程验收

7.3.1 公路绿化建设工程竣工档案应由责任单位按工程建设主体要求以及《公路工程竣(交)工验收办法实施细则》(交公路发〔2010〕65号)的相关规定执行。